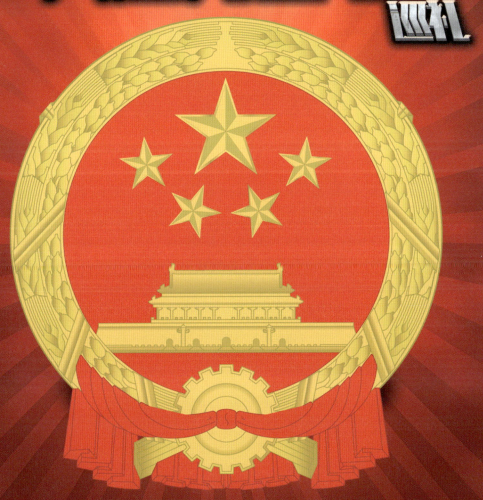

中国
共産党聖地巡礼

関上武司

★ まえがき

　拙作『中国抗日博物館大図鑑』は中国での抗日戦争をテーマにした博物館を紹介したが、今作は中国共産党にとって、極めて重要な場所＝聖地の情報を収録している。冒頭は天安門広場から始まり、毛沢東や鄧小平の故郷、革命聖地の延安、若き日の習近平が下放された梁家河村も紹介している。コラムでは中国各地で見られる毛沢東像や江沢民の揮毫について分析。ちなみに胡錦濤は中国の歴代指導者の中でも常識人と思われ、この人物の関連施設、銅像、揮毫、特異な趣味といったエピソードは寡聞にして知らず、コラムのネタにならなかった。本書で扱う時期も中国共産党の結党から三峡ダム建設と前作と比べてかなり広くなっている。

　現在の中国の博物館は基本的に入館無料というケースが多く、改修工事も進んでいるといった印象だ。中国政府のこのような博物館に対する方針については、称賛に価する。一方、日本では 2023 年に国立科学博物館が事業費・研究費捻出の苦肉の策として、クラウドファンディングを敢行していたが、本来は税金で解決するべき問題だろう。日本の博物館は老朽化も進んでおり、文化保全や研究は選挙の争点になりにくいのだろうが、税金の運用についてもっと真剣に考えた方がいい。

　中国共産党は弾圧、２度に渡る国共合作、勢力温存に務めた抗日戦争を経て、国共内戦で国民党に勝利して中華人民共和国を建国している。中国共産党聖地は共産党による中国の支配の正当性を人民に訴えており、党への絶対的な忠誠を誓わされる入党宣詞も見られる。仮に日本の公共施設に政権与党への入党宣詞が設置され、「党の秘密を守り、党には永遠に逆らわない」などと書かれていたら、野党から総スカンをくらうだろう。毛沢東は「造反有理」と言っていたが、中国共産党のスローガンの激変ぶりに驚くばかりだ。抗日博物館では疑問点のある展示も多いのだが、現在の日本人が反省すべき点も見受けられた。個人的には日本軍が中国人を強制連行し、強制労働をさせた過去の展示が現在の日本の問題だらけの外国人技能実習制度とリンクしており、即刻、改善してほしいところだ。中国共産党聖地を巡礼者のように巡っていると、当初は小さな勢力だった共産党員が、数々の死線をくぐり抜けて新中国を建国した過程を追体験できるので、ドラマチックではある。例えば革命根拠地の延安は、抗日戦争中は日本軍に爆撃されていたことは、現地に行かなければ実感できなかった。各聖地では中国共産党の功績をアピールしているが、当局の重大な問題を隠蔽しようとする傾向については、鼻につく。毛沢東や周恩来の実績を紹介するのは理解できる。しかしながら、筆者が巡った聖地では、国家主席まで務めた劉少奇の写真や像はあっても、抗日戦争や国共内戦で何をしていたのか、わからない状態だった。紅色旅遊では重要な記念館でも、文化大革命の際に亡くなった幹部については、生没年が明記されていないようだ。それでも意外だったのは、少数ではあるが大躍進や文化大革命の惨状を断片的ではあっても、伝えようとする意志が感じられた。取材は中華人民共和国の華北、東北、華中、華南、西北地方といった地域で敢行している。掲載した中国共産党聖地のほとんどはコロナ禍前の 2018 年から 2019 年にかけて撮影したものであり、現在では事前に予約をしないと入館できない施設もある。この点では本書は貴重な現地の資料なのかもしれないが、以前よりも見学のハードルが高くなってしまった……。

　筆者が中国と関わって四半世紀が過ぎてしまったが、近年の中国の自動車産業やゲーム業界の台頭は経済失速も含めて想像もできなかった。あまり言いたくないのだが、様々な要因が積み重なって、日中両国で９割の人間が互いに良い印象を持っていない。日本にとって中国は最大の貿易相手国だが、同時に安全保障の面では最大の脅威となっている。今後の日中関係がどのように推移（おそらく悪化）するのか、まったく予想ができない。本書で紹介した施設の見学の際には、当たり前だが日本の博物館と同様に、月曜日が休館日の物件がほとんどで、入館時間も留意しておきたい。さらに抗日戦争関連の記念日には、中国国内で日本人が外出するには緊張感がこれまで以上にあるので、細心の注意が必要だ。それでも本書が中国理解の一助になることを筆者は願ってやまないし、極めて少数の者でもかまわないので、実際に中国共産党聖地に巡礼をしてみると、きっと忘れられない旅になるだろう。

★ 目次

002 ……… まえがき
003 ……… 目次
005 ……… 用語集
008 ……… 人名解説
012 ……… 関連年表

華北地方

014 ……… **天安門広場** 数々の歴史的舞台になった中国を象徴する巨大な広場
018 ……… **毛主席紀念堂** 華国鋒によって建設された毛沢東の遺体が眠る霊廟
020 ……… **中国人民革命軍事博物館** 中国共産党の長期的国家戦略で近代化を図った人民解放軍
028 ……… **周恩来鄧穎超紀念館** 毛沢東を生涯支えた総理と、総理を生涯支えた賢夫人
036 ……… **華北革命戦争紀念館** 抗日戦争の主戦場と国共内戦の革命拠点となった河北省
040 ……… **中国人民解放軍海軍博物館** 原子力潜水艦を見学できる中国の海洋進出を正当化する施設
046 ……… 中国共産党グッズ

東北地方

048 ……… **東北抗聯博物館** 極寒の地の抗日武装勢力と黒竜江省の歴史を展示
056 ……… **長春市南湖公園** 数十万人の犠牲者を出した長春包囲戦の解放紀念碑
060 ……… **張氏帥府博物館** 爆殺された張作霖と中国共産党から絶賛される張学良
068 ……… **大連博物館** 日本とロシアの租借地だった国際的な港街の歴史を展示
074 ……… **撫順煤鉱博物館** 当局へ忖度しながらも文化大革命を批判する炭鉱博物館
080 ……… 中国共産党的娯楽作品

華中地方

082 ……… **魯迅公園** 20世紀を代表する中国現代小説家、魯迅ゆかりの地
088 ……… **中国共産党第一次全国代表大会会址紀念館** 中国共産党の結成と、波乱万丈な運命の創設メンバー
094 ……… **杭州市革命烈士紀念館** 地元の共産主義戦士を称賛、大躍進と文化大革命は批判
100 ……… **中国共産党第五次全国代表大会会址紀念館** ソ連の派閥対立が影響、第一次国共合作崩壊前の党大会
108 ……… **毛沢東同志旧居** 毛沢東が2番目の妻、3人の息子、2人の弟と生活した武漢の住居
114 ……… 江沢民の揮毫マニア

華南地方

118 ……… **南昌八一起義紀念館** 中共軍事闘争の始まりと中国人民解放軍の創立記念日
124 ……… **江西省革命烈士紀念堂** 全国と比べても多い江西省の烈士と、栄光の革命老根拠地
130 ……… **廬山会議旧址** 毛沢東の逆鱗に触れ彭徳懐が失脚し、大躍進が急進化
134 ……… **韶山風景名勝区** 政治家も観光客も押し寄せる、再現された毛沢東の生家
144 ……… 毛沢東像マニア

149	………	**西北地方**
150	………	**梁家河村** 若き日の習近平が下放された僻地に大勢の観光客が訪問
156	………	**延安革命紀念館** 毛沢東に権力を集中させた整風運動による思想教育
164	………	**楊家嶺革命旧址** 大生産運動と毛沢東思想確立で、紅色旅遊のマストスポット
170	………	**鄧小平故里** 強運と実力で改革開放に生涯を捧げた最高指導者の故郷
178	………	**重慶市人民大礼堂** 国内外の要人が訪れ鄧小平も関わった重慶を代表する建造物
182	………	**重慶中国三峡博物館** 重慶の歴史と日本軍の爆撃と三峡ダム建設の自画自賛
188	………	**周公館** 重慶で周恩来が指揮を執った中共中央南方局の拠点
192	………	**桂園** 毛沢東と蒋介石の最初で最後の出会いの場、重慶会談の現場
196	………	**中国民主党派歴史陳列館** 少数政党の存在で共産党統治の正当性アピールする胡散臭さ
202	………	**重慶で営業していた公社食堂**

204	………	参考文献
206	………	あとがき
207	………	関上武司の著作

用語集・人名のアイコンの意味

Ｊ **日本語の読み**

Ｃ **中国語簡体字** 例えば毛沢東は簡体字だと毛泽东となる。ある程度、用語や人名の簡体字を覚えておかないと、実際に中国共産党聖地へ入館した際にはとまどうことになる可能性大。

Ｋ **中国語の読み** 毛沢東は中国語の発音をあえてカタカナ表記するとマオ・ズードンとなり、基本的に日本語の発音は通じない。

Ｙ **生没年**

博物館のアイコンの意味

読 **読み方** 日本語での読み方。

簡 **簡体字** 日本語と中国語では共通の漢字もあるが、簡体字は常用漢字と異なる点も多い。一般的な中国人には外国語は通じないので、タクシードライバーに行先を告げる場合は、簡体字の部分を指さした方が手っ取り早い。

発 **中国語の発音** 中国語の発音。地方によってかなり発音も異なるので、中国語初心者は特に注意が必要。

📍 **住所** 現地タクシードライバーにも理解できるよう、簡体字で表記。

🚌 **アクセス** 最寄りの地下鉄駅やバス停は簡体字、本文では常用漢字で表記。中国のタクシー代金や公共交通機関の料金は、日本と比べてかなり安く感じる。

💰 **入場料** 入館無料の中国共産党聖地が多いが、有料の場合もある。

🕐 **開館時間** 9時開館がほとんどで、基本的に 16 ～ 17 時に閉館する。

❌ **休館日** 日本の博物館と同様に、ほとんどが月曜日に休館するが、一部、例外もある。

🏛 **開館年** 中国共産党聖地が開館した年。

🌐 **URL** 中国共産党聖地のHP。基本的に簡体字のみの表記だが、稀に外国語に対応していることもある。

📖 **予約** 天安門広場のようにウィーチャット（WeChat/ 微信）で予約が必要な施設が増加している。

・人民元のレートは 1 元＝約 21 円で計算
・地図は最寄の地下鉄駅、バス停、必要最小限の通りの表記に留めている。

★ 用語集

中国共産党

中国共産党
- Ⓙ ちゅうごくきょうさんとう　Ⓒ 中国共产党
- Ⓚ ヂョングゥオゴンチャンダン

中華人民共和国の政党で、1921年に上海で結党される。国民党軍によって壊滅寸前まで追い込まれたが、西安事件をきっかけに第二次国共合作を成立。抗日戦争中は日本軍との正面衝突を避ける方針で戦力を温存し、戦後は国共内戦に勝利。現在の中国には複数の政党が見られるものの存在感がほぼ皆無で、実質上の指導政党となっている。

中華人民共和国
- Ⓙ ちゅうかじんみんきょうわこく　Ⓒ 中华人民共和国
- Ⓚ ヂョンファレンミンゴンハーグゥオ

中国共産党が戦後の国共内戦に勝利して1949年に成立した共産主義国。他の共産主義国と同様に、土地の再分配、集団飢餓、独裁者への権力の集中、権力闘争によって、莫大な犠牲者が発生。経済成長によって2010年には日中GDP（国内総生産）が逆転し、世界経済第2位になったが、経済の低迷、官僚の腐敗など問題も多岐にわたる。

中国共産党中央委員会総書記
- Ⓙ ちゅうごくきょうさんとうちゅうおういいんかいそうしょき
- Ⓒ 中国共产党中央委员会总书记
- Ⓚ ヂョングゥオゴンチャンダンヂョンヤンウェイユェンフイソンシューヂー

中国共産党の党首。毛沢東は中国共産党中央委員会主席に就任し、毛主席と呼ばれていたが、1982年に党主席制は廃止され、党総書記が設置される。

中華人民共和国主席
- Ⓙ ちゅうかじんみんきょうわこくしゅせき
- Ⓒ 中华人民共和国主席
- Ⓚ ヂョンファレンミンゴンハーグゥオヂューシー

中華人民共和国の元首で、国家主席と呼ばれることが多い。劉少奇も国家主席に就任していたが、空席だった時期もある。

中国共産党中央軍事委員会主席
- Ⓙ ちゅうごくきょうさんとうちゅうおうぐんじいいんかいしゅせき
- Ⓒ 中国共产党中央军事委员会主席
- Ⓚ ヂョングゥオゴンチャンダンヂョンヤンジュンシーウェイユェンフイヂューシー

中華人民共和国、中国共産党の軍事指導機関の最高司令官。鄧小平は党総書記、国家主席には就任していなかったが、中央軍事委員会主席として政治の実権を握っていた。現在は習近平が党総書記、国家主席、中央軍事委員会主席を兼任している。

中華人民共和国国務院総理
- Ⓙ ちゅうかじんみんきょうわこくこくむいんそうり
- Ⓒ 中华人民共和国国务院总理
- Ⓚ ヂョンファレンミンゴンハーグゥオグゥオウーユェンゾンリー

国務院総理とは、日本の首相に相当する官職。中華人民共和国の最高行政機関である国務院を主宰し、周恩来は一時期、外交部長（外務大臣）と兼任していた。現在は李強が就任している。

紅軍
- Ⓙ こうぐん　Ⓒ 红军　Ⓚ ホンジュン

中国共産党が組織した軍隊で、正式名称は中国工農紅軍。1927年8月1日に発生した南昌蜂起をきっかけに設立される。

八路軍
- Ⓙ はちろぐん　Ⓒ 八路军　Ⓚ バールージュン

第二次国共合作の結果、中国工農紅軍の主力を改組した軍隊。正式名称は国民革命軍第八路軍。抗日戦争では主にゲリラ戦＝遊撃戦を展開。後の中国人民解放軍の前身のひとつ。

新四軍
- Ⓙ しんしぐん　Ⓒ 新四军　Ⓚ シンスーヂュン

正式名称は国民革命軍陸軍新編第四軍。中国工農紅軍が母体で国民党軍に所属する軍隊だが、国民党軍と対峙することが多かった。後に中国人民解放軍に編成される。

東北抗日聯軍
- Ⓙ とうほくこうにちれんぐん　Ⓒ 东北抗日联军
- Ⓚ ドンベイカンリーリェンジュン

満州で遊撃戦を展開していた中国共産党指導下の抗日組織。関東軍によって苦境に立たされ、ソ連へ撤退し、ソ連軍第88独立狙撃旅団に編成される。

中国人民解放軍
- Ⓙ ちゅうごくじんみんかいほうぐん　Ⓒ 中国人民解放军
- Ⓚ ヂョングゥオレンミンジェファンジュン

中華人民共和国の国軍であり、中国共産党の軍隊でもある。人民解放軍の近代化や軍事予算の拡大については周辺国家も警戒しているが、汚職も多い。

国民党（中華民国）

中国国民党
- Ⓙ ちゅうごくこくみんとう　Ⓒ 中国国民党
- Ⓚ ヂョングゥオグゥオミンダン

中華民国の政党で略称は国民党。一時期は中国共産党を壊滅寸前まで追い込んでいたが、西安事変による第二次国共合作で共産党軍と連携をとる。抗日戦争では日本軍との戦いで経済基盤を失い、戦力を消耗したことも後の国共内戦で敗北する原因となった。現在は台湾の政党の1つ。

中華民国
- Ⓙ ちゅうかみんこく　Ⓒ 中华民国
- Ⓚ ヂョンファミングゥオ

用語集

抗日戦争時の中国は中華民国を指し、指導者は蒋介石。国共内戦で共産党軍に敗れ、1949 年に台湾へ移転。

国民党軍
J こくみんとうぐん　**C** 国民党軍
K グゥオミンダンジュン
中国国民党、中華民国の軍隊。正式名称は国民革命軍。抗日戦争中の国民党軍の活躍は意外と現在の中国でも評価されている模様。日本軍や共産党軍と比較すると、士気が低かった。

青天白日旗
J せいてんはくじつき　**C** 青天白日旗
K チンティエンバイリーチー
中華民国の国旗で、正式名称は青天白日満地紅旗。抗日戦争中、国民党軍に所属していた八路軍、新四軍も青天白日旗を使用していた。

五星紅旗
J ごせいこうき　**C** 五星紅旗　**K** ウーシンホンチー
中華人民共和国の国旗。1949 年に制定。赤地に 5 つの黄色い星が描かれている。

中国人民解放軍軍旗
J ちゅうごくじんみんかいほうぐんぐんき
C 中国人民解放軍軍旗
K ヂョングゥオレンミンジェファンジュンジュンチー
中国人民解放軍の軍旗。1949 年に制定。赤地に黄色い星と 1927 年 8 月 1 日の南昌蜂起にちなんで、「八一」の字が表記されている。

中国共産党全国代表大会
J ちゅうごくきょうさんとうぜんこくだいひょうたいかい
C 中国共产党全国代表大会　**K** ヂョングゥオゴンチャンダンチュエングゥオダイビャオダーフゥイ
中国共産党の最高機関で、党大会とも呼ばれる。記念すべき第 1 回目は 1921 年に上海で開催された。全国人民代表大会（全人代）とは別物。現在は 5 年に 1 回、開催され、重大問題の討論や決議、党規約の修正といった、重要な決断が下される。

4・12 クーデター
J よん・いちにくーでたー　**C** 四一二反革命政变
K スーイーアーファングァミンヂョンビェン
1927 年 4 月 12 日に上海で発生した蒋介石による武力による鎮圧で、中国共産党員や労働者に多大な犠牲者を出す。後に南昌蜂起の契機になる。

南昌蜂起
J なんしょうほうき　**C** 八一南昌起义
K バーイーナンチャンチイー
第一次国共合作が瓦解したことにより、1927 年 8 月 1 日に行われた中国共産党による初の武装蜂起。数時間で南昌を制圧するも、数日で撤退することになる。

満洲事変
J まんしゅうじへん　**C** 九・一八事变

K ジュウイーバーシービェン
1931 年 9 月 18 日、関東軍が奉天駅北方の柳条湖近くの満洲鉄道を爆破し、約 5 ヶ月かけて満洲全土を制圧。関東軍の独断で開始された満洲事変は昭和天皇の許可なく行われ、完全な軍紀違反であったが、首謀者はその後、出世している。

満洲国
J まんしゅうこく　**C** 伪满洲国
K ウェイマンヂョウグゥオ
満洲帝国とも表記される。満洲事変をきっかけに 1932 年に建国された傀儡国家。当初は民主共和政だったが、執政だった愛新覚羅溥儀が皇帝に即位して帝政に移行する。ソ連の対日参戦によって、1945 年 8 月 18 日に解体。現在の中国では「伪满」「伪满洲国」といった表記をされる。

関東軍
J かんとうぐん　**C** 关东军　**K** グァンドンジュン
大日本帝国陸軍の総軍の一つで満洲国の首都の新京（現在の長春）に司令部をかまえる。満洲事変を独断で実行し、満洲の抗日勢力の討伐を行っていた。1945 年には日ソ中立条約を破棄したソ連軍との戦闘になり、捕虜となってシベリアへ抑留された将兵も多かった。

平頂山事件
J へいちょうざんじけん　**C** 平顶山惨案
K ピンディンシャンツァンアン
1932 年 9 月 16 日に関東軍が平頂山周辺の住民を殺傷した事件。犠牲者数は諸説あるが、中国側は 3 千人が犠牲者になったと主張。

長征
J ちょうせい　**C** 长征　**K** チャンヂョン
紅軍が国民党軍に敗れ、江西省瑞金から陝西省延安まで 10 万人の兵力の 9 割が犠牲になった逃避行。1934 年 10 月から始まり、翌年 10 月、毛沢東らは呉起鎮に到着。

西安事件
J せいあんじけん　**C** 西安事变　**K** シーアンシービェン
1936 年 12 月 12 日、張学良と楊虎城が蒋介石を拘束し、第二次国共合作の契機になった事件。

国共合作
J こっきょうがっさく　**C** 国共合作
K グゥオゴンハーズゥオ
1924 年から 1927 年にかけての第一次国共合作、1937 年から 1945 年にかけての第二次国共合作があり、中国国民党と中国共産党の間で結ばれた協力関係。一般的には第二次国共合作の方が有名。

抗日戦争
J こうにちせんそう　**C** 抗日战争
K カンリーヂャンヂョン
日中戦争（1937 年～ 1945 年）の中国側の呼び方。抗戦と略されることもある。北京の中国人民抗日戦争紀念館の年表では関東事変（1931 年 9 月 18 日）から局地的な抗日戦争の始まりとし、盧溝橋事件（1937 年 7 月 7 日）を

全国的な抗日戦争の始まりとしている。

抗日根拠地
J こうにちこんきょち　**C** 抗日根据地
K カンリーゲンジューディ
中国共産党の支配地域。

持久戦論
J じきゅうせんろん　**C** 论持久战
K ルンチージュウヂャン
1938 年に毛沢東が延安で執筆した論文。毛沢東は「日本は長期的な戦争に耐えられない」と分析し、持久戦を堅持する基礎は全民族の武装自衛戦を発動し、人民戦争を実行することであると指摘した。

百団大戦
J ひゃくだんたいせん　**C** 百団大战
K バイトゥアンダーヂャン
1940 年 8 月 20 日〜12 月 5 日にかけて行われた八路軍による大作戦。日本軍の拠点となった鉄道や炭鉱に対する遊撃戦だが、八路軍側も被害が大きく、奪還した拠点もほとんどが日本軍に再占領された。

皖南事変
J かんなんじへん　**C** 皖南事变　**K** ワンナンシービェン
1941 年 1 月 4 日〜11 日にかけて、国共矛盾により発生。新四軍軍部及び所属する皖南部隊が安徽省涇（けい）県茂林で国民党軍に包囲され、殺害される。

重慶会談
J じゅうけいかいだん　**C** 重庆谈判
K チョンチンタンパン
抗日戦争後、重慶で開催された蒋介石と毛沢東による、国共両党の会談。1945 年 10 月 10 日に締結された「双十協定」では「断固として内戦を避ける」ことがうたわれた。

国共内戦
J こっきゅうないせん　**C** 国共内战
K グゥオゴンネイヂャン
1927 年から 1937 年にかけての第一次国共内戦と 1946 年から 1949 年にかけて第二次国共内戦で、国民党と中国共産党による内戦。一般的には第二次国共内戦を指す。

中華人民共和国開国大典
J ちゅうかじんみんきょうわこくかいこくたいてん
C 开国大典
K カイグゥオダーディエン
1949 年 10 月 1 日に北京の天安門で中華人民共和国の成立が宣言された式典。

烈士
J れっし　**C** 烈士　**K** リェシー
自らの命をひき替えに国家や民族に貢献した人物。

大躍進
J だいやくしん　**C** 大跃进　**K** ダーユェジン
1957 年に毛沢東が始動し、計画経済にもとづいた政策に

よって、中国の生産力を世界一流レベルにまで目指した。しかし、人民公社の構造的欠陥や自然災害によって、中国史上でも稀に見る大飢饉が発生、数千万人が餓死した。本書に掲載した施設でも、述べられることは稀。

廬山会議
J ろざんかいぎ　**C** 庐山会议　**K** ルーシャンフゥイーイー
1959 年に大躍進の問題点を修正する会議だったが、毛沢東が彭徳懐を失脚させ、かえって急進主義路線を走ることになり、被害が拡大することになった。

文化大革命
J ぶんかだいかくめい　**C** 文化大革命
K ヴェンファーダーグァミン
毛沢東が大躍進で失墜した権威を取り戻そうとした政治運動。1966 年から 10 年間、国内の社会秩序が崩壊し、多数の民衆の死傷、貴重な文化財の破壊、書籍の焼却、生産の停滞、外交が中断した。本書に掲載した施設でも述べられることは極めて少ない。

天安門事件
J てんあんもんじけん　**C** 天安门事件
K ティエンアンメンシービェン
1976 年 4 月 5 日に周恩来追悼運動を暴力で排除した四五天安門事件（第一次天安門事件）と 1989 年 6 月 4 日に民主化運動を弾圧した六四天安門事件（第二次天安門事件）がある。一般的に有名なのは第二次天安門事件だが、本書に掲載した鄧小平故里でも詳細は述べられていない。

三峡ダム
J さんきょうだむ　**C** 三峡大坝　**K** サンシァダーバー
建設には全人代でも反対意見が多かったが、1993 年に着工、2009 年に完成したダムで、世界最大の発電量を誇る。メリットもデメリットも多い。

社会主義核心価値観
J しゃかいしゅぎかくしんかちかん
C 社会主义核心价值观
K シェーフゥイヂューイーハーシンジャーヂーグァン
習近平政権になってから見られるようになった、スローガン。富強・民主・文明・和諧・自由・平等・公正・法治・愛国・敬業・誠信・友善の 24 文字で定義づけられ、中国の様々な施設で掲揚されている。

中国の夢
J ちゅうごくのゆめ　**C** 中国梦　**K** ヂョングゥオモン
「中華民族の偉大な復興」を目指すスローガン。周辺諸国からは習近平政権の覇権志向と見られる。

一帯一路
J いったいいちろ　**C** 一带一路　**K** イーダイイールー
習近平政権の中国とヨーロッパを結び、アフリカや南米諸国も取り込もうとする広域経済圏の構想。関連諸国の離脱や現地住民の反発、債務の罠も目立ち、経済政策としては行き詰まりつつある。

★ 人 名 解 説

中国共産党

毛沢東
- **J** もう・たくとう **C** 毛泽东
- **K** マオ・ズードン **Y** 1893～1976

中華人民共和国の政治家・軍人・思想家。中国共産党の創設者の１人。長征の後、抗日戦争期間中は延安で自給自足の生活をしながら、中国共産党の兵力温存と勢力地拡大に重点を置き、『持久戦論』等を執筆。戦後は蒋介石率いる国民党勢力との国共内戦で勝利し、中華人民共和国の建国の父となる。軍事的才能は突出しているが、毛沢東が引き起こした大躍進や文化大革命の惨状は各地の中国共産党聖地でもほとんど述べられていない。

劉少奇
- **J** りゅう・しょうき **C** 刘少奇
- **K** リウ・シャオチー **Y** 1898～1969

中華人民共和国の政治家で、中国共産党では毛沢東に次ぐ第２位という序列だった。抗日戦争中は新四軍の政治委員を務め、華中地方で抗日根拠地拡大の指揮を執る。後に国家主席に就任したが、文化大革命の最中に非業の死を遂げる。

周恩来
- **J** しゅう・おんらい **C** 周恩来
- **K** ジョウ・エンライ **Y** 1898～1976

中華人民共和国の政治家。日本やフランスに留学経験のあるインテリ。張学良が蒋介石を監禁した西安事件において、両者を調停し、第二次国共合作を実現させた。中華人民共和国建国後は国務院総理に就任、外交の舞台でも活躍。生涯、毛沢東を支えていた。

朱徳
- **J** しゅ・とく **C** 朱德
- **K** ジュー・デァ **Y** 1886～1976

中華人民共和国の軍人、政治家。抗日戦争中は八路軍総司令、国共内戦では中国人民解放軍総司令、中華人民共和国建国後は国家副主席、全国人大常務委員会委員長といった要職を歴任。十大元帥の筆頭。

任弼時
- **J** にん・ひつじ **C** 任弼时
- **K** レン・ビーシー **Y** 1904～1950

中国共産党の政治家。モスクワに留学経験があり、要職を務め、国共内戦時には土地改革の工作に奔走。中国建国後の1950年に他界。現在も当局から毛沢東、劉少奇、周恩来、朱徳と並ぶ五大書記の１人として評価されている。

彭徳懐
- **J** ほう・とくかい **C** 彭德怀
- **K** ポン・デァファイ **Y** 1898～1974

中華人民共和国の軍人。八路軍副総司令、中国人民解放軍副総司令といった、軍事の要職を歴任。朝鮮戦争では中国人民志願軍の司令官として参戦。盧山会議で大躍進政策を批判したことから失脚し、文化大革命中に迫害死。

林彪
- **J** りん・ぴょう **C** 林彪
- **K** リン・ビャオ **Y** 1907～1971

抗日戦争中は八路軍115師の師長として山西省で指揮を執り、国共内戦では黒竜江省から海南島まで歴戦。毛沢東の後継者に認定されたが、政争に敗れてソ連への亡命中、モンゴルで飛行機が墜落して死亡。

劉伯承
- **J** りゅう・はくしょう **C** 刘伯承
- **K** リウ・ボーチョン **Y** 1892～1986

抗日戦争中は八路軍129師の師長、国共内戦では第２野戦軍司令として活躍し、鄧小平との連携で勝利に貢献している。鄧小平とは家族ぐるみの友人関係だった。十大元帥の中では最も長命。

賀竜
- **J** が・りゅう **C** 贺龙
- **K** ハー・ロン **Y** 1896～1969

国民革命軍の軍人だったが、南昌起義に加わり、長征に参加。抗日戦争では八路軍120師の師長、国共内戦では西北軍区司令として活躍。十大元帥の１人。

陳毅
- **J** ちん・き **C** 陈毅
- **K** チェン・イー **Y** 1901～1972

南昌蜂起に加わり、抗日戦争中は軍長代理として新四軍を率い、根拠地の拡大に奔走。中国建国後は上海市長、外交部長として活躍した十大元帥の１人。

葉剣英
- **J** よう・けんえい **C** 叶剑英
- **K** イェ・ジェンイン **Y** 1897～1986

南昌蜂起、西安事件、重慶での中共中央南方局と周恩来の補佐が多かった。十大元帥の１人でもあり、「四人組」を逮捕することで、文化大革命に幕を下ろした。

葉挺
- **J** よう・てい **C** 叶挺
- **K** イェ・ティン **Y** 1896～1946

国民党軍の軍人だったが、南昌蜂起に加わる。抗日戦争中は新四軍軍長として活躍中、1941年の皖南事変で国民党軍に拘束される。1946年に釈放され、重慶から延安に向かう飛行機が墜落して死亡。

楊靖宇
- **J** よう・せいう **C** 杨靖宇
- **K** ヤン・ジンユー **Y** 1905～1940

東北抗日聯軍第一軍軍長。有名な抗日英雄で、日満軍警に包囲され、投降を拒否して射殺される。連環画の題材にもなっている。

李兆麟

り・ちょうりん ⓒ 李兆麟
ⓚ リー・ヂャオリン ⓨ 1910～1946

東北抗日聯軍の創設者の1人で、第三路軍総司令。一時期、ソ連に退却。戦後はハルビン中ソ友好協会会長に就任にするも、国民党特務機関によって暗殺される。

謝文東
ⓙ しゃ・ぶんとう ⓒ 谢文东
ⓚ シェ・ウェンドン ⓨ 1887～1946

東北抗日聯軍第八軍軍長だったが、1939年に関東軍へ投降。後に漢奸として処刑される。

趙一曼
ⓙ ちょう・いちまん ⓒ 赵一曼
ⓚ ヂャオ・イーマン ⓨ 1905～1936

東北抗日聯軍第三軍二団の政委で、抗日女英雄。関東軍によって、処刑される。

陳独秀
ⓙ ちん・どくしゅう ⓒ 陈独秀
ⓚ チェン・ドゥーシュウ ⓨ 1879～1942

中国共産党の創設者の1人で初代書記でもあるが、指導者の立場を追われ、党籍から除名されている。経歴に対して、本書では存在感があまりない。

張国燾
ⓙ ちょう・こくとう ⓒ 张国焘
ⓚ ジャン・グゥイダイ ⓨ 1897～1979

中国共産党の創設メンバーの1人。長征のルートを巡って、毛沢東と対立。後に離党し、カナダに亡命している。

高崗
ⓙ こう・こう ⓒ 高岗
ⓚ ガオ・ガン ⓨ 1905～1954

中国西北部で革命根拠地を築き、中国建国後は満州で辣腕を振るっていたが、権力闘争に敗れて失脚。開国大典では天安門に登壇していたのだが、絵画などの作品では、描かれていないことが多い。

薄熙来
ⓙ はく・きらい ⓒ 薄熙来
ⓚ ボー・シーライ ⓨ 1949～

大連市長や重慶市長としての手腕が注目されていたが、スキャンダルで失脚。父親の薄一波は中国の八大元老の1人。

楊開慧
ⓙ よう・かいけい ⓒ 杨开慧
ⓚ ヤン・カイフゥイ ⓨ 1901～1930

毛沢東の2番目の夫人で、毛岸英、毛岸青の母親。国民党に逮捕され刑死、現在の中国では烈士として扱われている。

江青
ⓙ こう・せい ⓒ 江青
ⓚ ジャン・チン ⓨ 1914～1991

毛沢東の4番目の夫人。文化大革命では「四人組」の1人として悪名を轟かせ、毛沢東の死後に逮捕され、失脚。本書で紹介する中国共産党聖地でもほとんど紹介されないが、延安の楊家嶺革命旧址では毛沢東とのツーショットが見られた。

鄧穎超
ⓙ とう・えいちょう ⓒ 邓颖超
ⓚ ドン・インチャオ ⓨ 1904～1992

周恩来の夫人として、過酷な長征にも参加している。女性解放と児童の福祉に献身し、晩年も政治的影響力が強かった。

宋慶齢
ⓙ そう・けいれい ⓒ 宋庆龄
ⓚ ソン・チンリン ⓨ 1893～1981

孫文の夫人で、国民党の重鎮。孫文の死後は「容共」路線を堅持し、国民党を脱退。中華人民共和国では婦女や児童の福祉に貢献し、国家副主席だったこともある。

鄧小平
ⓙ とう・しょうへい ⓒ 邓小平
ⓚ ドン・シャオピン ⓨ 1904～1997

抗日戦争中は八路軍の政治委員として劉伯承とゲリラ戦を展開。国共内戦では南京、上海、重慶を攻略しているが、政治的に何度も失脚。持ち前の強運と実務能力で毛沢東の死後、華国鋒を失脚させ、中華人民共和国の指導者になり、経済発展を促す。天安門事件については、四川省広安市の鄧小平故里でも詳細は述べられていない。

江沢民
ⓙ こう・たくみん ⓒ 江泽民
ⓚ ジャン・ズーミン ⓨ 1926～2022

軍人出身の毛沢東、鄧小平とは異なり、文民出身の中華人民共和国の最高指導者。鄧小平路線を継承し、中国の経済発展を牽引。在任期間中は愛国主義を打ち出し、反日教育を浸透させ、台湾ミサイル危機、香港やマカオの返還があった。後任の胡錦濤への権力移譲は数年かけて行われ、未練があったようだ。

胡錦濤
ⓙ こ・きんとう ⓒ 胡锦涛
ⓚ フー・ジンタオ ⓨ 1942～

江沢民の後任の中華人民共和国の最高指導者。温和なイメージだが、チベット自治区の抗議活動の鎮圧で頭角を現す。在任期間中は北京（夏季）オリンピックや上海万博を開催し、日中のGDP（国内総生産）を逆転させるほど経済を成長させる。後任の習近平に潔く権力を譲っている。

習近平
ⓙ しゅう・きんぺい ⓒ 习近平
ⓚ シー・ジンピン ⓨ 1953～

中華人民共和国の現国家主席。実父の習仲勲は抗日戦争や国共内戦で功績がある八大元老の1人だが、文化大革命期間中は迫害され、習近平は陝西省の僻地に下放されていた。

反腐敗運動で政敵を排除し、国家主席の任期を撤廃。AIによる国民管理を徹底させ、強気の政策方針の「海洋進出」「一帯一路」は周辺国とも軋轢を生じている。

国民党（中華民国）

蒋介石
Ⓙ しょう・かいせき　Ⓒ 蒋介石
Ⓚ ジャン・ジェシー　Ⓨ1887 〜 1975
中華民国の政治家・軍人・指導者。日本へ留学し、軍事教育を受けていた。国民党内では孫文の死後、権力を掌握する。西安事件で張学良らのクーデターにより、敵対していた共産党と国共合作し、日本軍に対峙。首都南京を日本軍に占領され、重慶で窮地に追い込まれるも、国際世論を味方につけた結果、抗日戦争を勝利に導く。国共内戦では共産党軍に敗北し、台湾へ逃亡。

張学良
Ⓙ ちょう・がくりょう　Ⓒ 张学良
Ⓚ ジャン・シュエリャン　Ⓨ1901 〜 2001
東北地方の軍閥の張作霖の長男で国民革命軍第一級上将。西安事件の立役者ということで現在の中国では絶賛されているが、蒋介石によって、半世紀にわたって軟禁生活を強いられる。晩年はハワイへ移住。

孫文
Ⓙ そん・ぶん　Ⓒ 孙文
Ⓚ スン・ウェン　Ⓨ1866 〜 1925
中華民国の国父・政治家・革命家。中国では孫文よりも孫中山と呼称されるのが一般的で、中国各地の中山公園や中山路は孫文の名前に由来する。晩年は「連ソ容共」路線を打ち出し、現在も中国当局から絶賛されている。

その他

魯迅
Ⓙ ろ・じん　Ⓒ 鲁迅
Ⓚ ルー・シュン　Ⓨ1881 〜 1936
日本に留学し、医学よりも文学へ打ち込み、中国を代表する作家になる。魯迅の短編『藤野先生』は日中両国の教科書にも掲載されていた。

張作霖
Ⓙ ちょう・さくりん　Ⓒ 张作霖
Ⓚ ジャン・ズゥオリン　Ⓨ1875 〜 1928
馬賊出身で、東北三省を支配する軍閥政権を築きあげる。関東軍による張作霖爆殺事件は、息子の張学良による西安事件の遠因にもなる。

汪兆銘
Ⓙ おう・ちょうめい　Ⓒ 汪兆铭
Ⓚ ワン・ジャオミン　Ⓨ1883 〜 1944
中華圏では汪精衛と呼ばれる。孫文の死後、短期間だが武漢国民政府を樹立。国民党のナンバー2だったが、蒋介石とは対立して南京を首都とした親日傀儡政権の中華民国国民政府（汪兆銘政権）を樹立。

エドガー・スノー
Ⓙ えどがー・すのー　Ⓒ 埃德加・斯诺
Ⓚ アイデェァジャー・スーヌォ　Ⓨ1905 〜 1972
アメリカのジャーナリスト。1936年に陝甘寧辺区へ取材、1939年に延安で毛沢東にインタビューをしている。『中国の赤い星』の著者。

アグネス・スメドレー
Ⓙ あぐねす・すめどれー　Ⓒ 艾格丝・史沫特莱
Ⓚ アイグェニースー・シームォーテーライ
Ⓨ1892 〜 1950
アメリカの女性ジャーナリスト。1937年に延安へ訪問し、中国共産党の指導者に取材も敢行している。

ノーマン・ベチューン
Ⓙ のーまん・べちゅーん　Ⓒ 诺尔曼・白求恩
Ⓚ ヌオァーマン・バイチュウエン　Ⓨ1890 〜 1939
カナダ人の外科医で、共産党員。中国では白求恩と表記されることが多い。1938年に延安で毛沢東と会見し、八路軍の医療技術向上に貢献するも、1939年に他界。中国各地の医療関連施設で、ノーマン・ベチューンの像が目撃される。

野坂参三
Ⓙ のさか・さんぞう　Ⓒ 野坂参三
Ⓚ イェバン・ツァンサン　Ⓨ1892 〜 1993
日本共産党の創設者の1人。抗日戦争中は延安で日本工農学校を設立し、日本人捕虜の再教育に従事。戦後は帰国して参議院議員や日本共産党議長を務める。他界前にソ連のスパイだったことが発覚、日本共産党から除名処分。

ヨシフ・スターリン
Ⓙ よしふ・すたーりん　Ⓒ 约瑟夫・斯大林
Ⓚ ユェスァフー・スーダーリン　Ⓨ1878 〜 1953
ソ連の指導者、共産党書記長。第二次世界大戦中はナチスドイツと血みどろの独ソ戦に勝利し、日ソ中立条約を破棄して対日参戦し、満洲国崩壊の決定打となる。猜疑心からソ連国内で大粛清を行う。

ダライ・ラマ１４世
Ⓙ だらい・らまじゅうよんせい
Ⓒ 十四世达赖喇嘛
Ⓚ シースーシーダーライラーマー　Ⓨ1935 〜
チベット亡命政府、チベット仏教の指導者で、ノーベル平和賞の受賞者。生家は現在の青海省。本書では意外な場所で、名前だけ登場する。

★ 関連年表

1840 年	イギリス軍、広州を封鎖、アヘン戦争本格化
1893 年	韶山で毛沢東誕生　→ 134 ページ韶山風景名勝区参照
1894 年	日清戦争勃発
1921 年	上海で中国共産党第一次全国代表大会開催 → 088 ページ中国共産党第一次全国代表大会会址紀念館参照
1925 年	孫文没
1927 年	上海で 4・12 クーデター
	武漢で中国共産党第五次全国代表大会開催 → 100 ページ中国共産党第五次全国代表大会会址紀念館参照
	中国共産党、南昌蜂起　→ 118 ページ南昌八一起義紀念館参照
	毛沢東ら井崗山を根拠地に　→ 124 ページ江西革命烈士紀念堂参照
1928 年	張作霖爆殺事件　→ 060 ページ張氏帥府博物館参照
1931 年	関東軍、東北侵略開始（満洲事変）　→ 060 ページ張氏帥府博物館参照。
1932 年	「満洲国」建国
	撫順で平頂山事件　→ 074 ページ撫順煤鉱博物館参照
1934 年	中国共産党、瑞金放棄、長征開始　→ 124 ページ江西省革命烈士紀念堂
1935 年	中国共産党、順義会議開催
	中国共産党、呉起鎮に到着、長征完了　→ 164 ページ楊家嶺革命旧址参照
	魯迅没　→ 082 ページ魯迅公園参照
	張学良、楊虎城が蒋介石を監禁（西安事件）
1937 年	盧溝橋事件
	日本軍、上海攻撃
	共産党軍を国民党軍に編成→八路軍、新四軍成立
	第二次国共合作正式成立
	国民政府、重慶遷都
	日本軍、南京占領、中国軍民を多数虐殺
1940 年	八路軍、「百団大戦」
1941 年	国民党軍、安徽省南部で新四軍攻撃（皖南事変）
1942 年	延安で整風運動開始　→ 156 ページ延安革命紀念館参照
1944 年	アメリカ大統領特使ハーレー来華、国共調停企図　→ 192 ページ桂園参照
1945 年	中国共産党第七次全国代表大会　→ 164 ページ楊家嶺革命旧址参照
	日本、『ポツダム宣言』を受諾
	在華日本軍、降伏
	国共間で「双十協定」締結　→ 192 ページ桂園参照
1946 年	国共内戦全面化　→ 192 ページ桂園参照
1947 年	延安が一時的に陥落　→ 164 ページ楊家嶺革命旧址参照
1948 年	遼瀋・淮海・平津「三大戦役」 → 036 ページ華北革命戦争紀念館、056 ページ長春市南湖公園参照
1949 年	中華人民共和国成立　→ 014 ページ天安門広場参照

	中華民国行政院、台北遷都決議　→ 178 ページ重慶市人民大礼堂参照
1950 年	中国共産党、「中国人民義勇軍」の朝鮮出動決定
1957 年	大躍進発動　→ 202 ページ重慶で営業していた公社食堂
1959 年	共産党中央政治局拡大会議（廬山）　→ 130 ページ廬山会議旧址参照
1964 年	中国、初の原爆実験成功　→ 020 ページ中国人民革命軍事博物館参照
1966 年	文化大革命始動
1969 年	習近平、梁家河村へ下放される　→ 150 ページ梁家河村参照
	劉少奇、獄死
1971 年	林彪没、クーデター失敗による逃亡説流布
1974 年	彭徳懐没
1975 年	蔣介石没
1976 年	周恩来没　→ 028 ページ周恩来鄧穎超紀念館参照
	第一次天安門事件　→ 014 ページ天安門広場参照
	朱徳没
	毛沢東没　→ 018 ページ毛主席紀念堂参照
	江青ら「四人組」逮捕
1977 年	鄧小平復職
	文化大革命終了
1989 年	戒厳部隊が天安門広場突入（第二次天安門事件）　→ 014 ページ天安門広場参照
	江沢民、党総書記、党中央軍事委員会主席に就任
1993 年	江沢民、国家主席に就任
1996 年	人民解放軍、台湾周辺で軍事演習
1997 年	鄧小平没　→ 170 ページ鄧小平故里参照
	[香港] 中国に返還（香港特別行政区）
1999 年	ポルトガル領マカオ、中国に返還
2003 年	胡錦濤、党総書記に就任
	胡錦濤、国家主席に就任
2004 年	胡錦濤、党中央軍事委員会主席に就任
2008 年	四川大地震
	北京オリンピック開会
2009 年	三峡ダム完成　→ 182 ページ重慶中国三峡博物館参照
2010 年	上海万博開幕
2012 年	薄熙来事件
	習近平、党総書記、党中央軍事委員会主席に就任
2013 年	習近平、国家主席に就任
2018 年	第 13 期全人代、国家主席の任期を撤廃　→ 150 ページ梁家河村参照
2022 年	北京冬季オリンピック開会
	江沢民没　→ 114 ページやっぱり書きすぎ！江沢民の揮毫マニア参照

関連年表

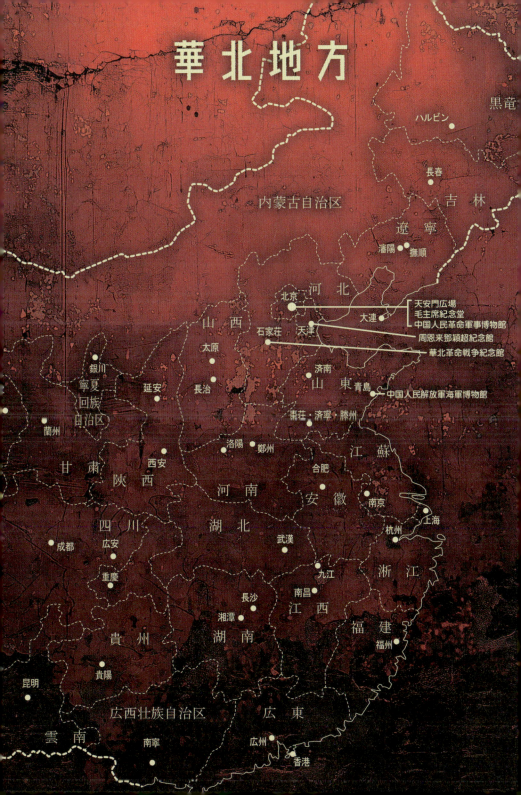

数々の歴史的舞台になった中国を象徴する巨大な広場

天安門広場

- 読 てんあんもんひろば
- 簡 天安门广场
- 発 ティエンアンメングゥァンチャン
- 📍 北京市东城区东长安街
- 🚇 北京地铁1号线「天安门东」「天安门西」もしくは2、8号线「前门」下車
- 💴 無料
- 🕐 05:00 〜 22:00（オンライン予約をしないと入れない）
- ❌ 大規模イベントの日は入れない
- 🏛 不明
- 🌐 https://yuyue.tamgw.beijing.gov.cn/login.html （天安門広場の予約サイト）
- 📕 必須

第 1 章

●天安門での事件を振り返ってみよう

1949年10月1日。毛沢東は天安門で中華人民共和国の成立を宣言。当時、国民党政権はまだ台北に撤退していなかったが、国共内戦の大勢はほぼ決定していた。1976年、周恩来の他界後、同年4月1日に「人民の総理」を慕う民衆が天安門広場に集結し、四人組への批判を表明。四人組を中心とした文革派によって、同月5日に北京の都市民兵を動員し、民衆を弾圧、四五天安門事件（第一次天安門事件）と呼ばれる。1989年6月4日、民主化に理解のあった胡耀邦の急死をきっかけに、民衆が天安門広場に集結して当局を批判。しかし、鄧小平は民主化運動を弾圧する六四天安門事件（第二次天安門事件）を敢行、西側諸国は中国に対して経済制裁を行う。毎年、10月1日の国慶節（建国記念日）では、中国の指導者が人民解放軍の閲兵を行うことが定例となっている。ロシアや北朝鮮といった国家と同様に、天安門前で軍事パレードを開催して軍事力をアピールすることでも有名だ。2013年10月28日、天安門前の金水橋に自動車が突入し、当局はウイグル族によるテロ事件と断定。2021年から天安門広場の入場は予約制となっており、外国人が個人で見学する場合、ストレスを感じる。

●コロナ禍前の天安門広場

天安門広場は南北880m、東西500mという広大な空間になっている。長安街を隔てた場所に天安門、広場北側の国旗掲揚台は、周囲に柵が設置され、一般人が近寄れないようになっていた。天安門には毛沢東の肖像画が掲げられているが、広場中央の人民英雄紀念碑には孫文の巨大な肖像画が展示されていた。南側には後述の毛主席紀念堂がある。東側には中国国家博物館、西側には人民大会堂があり、筆者取材時は5月1日の労働節という祝日ということもあって、大勢の観光客で賑わっていた。アジア各地のトイレを取材した『東方見便録』という書籍によると、天安門広場の収容人員は50万人で、大規模なイベントの際には膨大な数の仮設トイレを設置するそうだ。祝日やイベント当日には最寄駅の北京地下鉄1号線の天安門東駅、天安門西駅と2、8号線の前門駅が封鎖され、取材時にも不便を強いられた。当局も中国の象徴の天安門で抗議活動やデモを起こされたくないのだろうが、特に外国人が天安門を訪問するにはハードルが高くなっている。観光地として本当にこれでいいのだろうか？

●オンライン予約しないと入れない天安門

天安門広場は1日前に事前予約をしないと見学できず、予約にはウィーチャット（WeChat/微信）のアカウントと中国の電話番号が必須になる。日本でも中国の電話番号付きSIMをネットで入手できるので、訪中前に準備してスマホに設定しておこう。ウィーチャットで天安門広場の公式アカウントをフォローしてから予約をし、余裕を持ったスケジュールを心がけよう。

華北地方

天安門の中央には巨大な毛沢東の肖像画が掲げられ、両脇には「中華人民共和国万歳」「世界人民大団結万歳」と大書。紫禁城の正門で、「命を天に受け、邦を安んじ民を治める」という意味から天安門と呼ばれている。1949年10月1日、天安門の楼上で毛沢東は建国式典を行い、中華人民共和国の成立を宣言。

天安門の正面にある国旗掲揚台の周囲は柵で囲まれている。毎月初日の昇旗儀式は護旗隊員96人、礼兵30人といった編成で行われる。

天安門広場の東側にある中国国家博物館。もともとは中国歴史博物館、中国革命博物館が併設されていたが、2003年に合併。

天安門広場の西側にある人民大会堂。全国人民代表大会の議場や中国の指導者が海外の要人と会談する場所にもなっている。

第1章

天安門広場中央には巨大な孫文の肖像画、背後には人民英雄紀念碑、広場南側には後述の毛主席紀念堂が見える。人民英雄紀念碑の北側には毛沢東による「人民英雄永垂不朽」（人民の英雄は永遠に不滅だ！）の揮毫が刻まれている。台座部分には中国近代史の重要な事件のレリーフが彫られている。

人民英雄紀念碑の南側。周恩来による顕彰文の揮毫が刻まれている。国旗掲揚台と同様に、近寄れないようになっている。

2009年10月1日の国慶節。中共中央総書記、国家主席、中央軍委主席の胡錦濤が天安門前で部隊の閲兵をしている場面。

2013年10月28日、テロリストによる天安門前でのテロ事件が発生。車の運転手含む5名が死亡、日本人1名含む38名が負傷。

華北地方

華国鋒によって建設された毛沢東の遺体が眠る霊廟

毛主席紀念堂

- 読 もうしゅせきねんどう
- 簡 毛主席纪念堂
- 発 ティエンアンメングゥァンチャン
- マオジューシージーニェンタン
- 北京地铁1号线「天安门东」「天安门西」もしくは2、8号线「前门」下車
- 無料
- 08:00 ～ 12:00
- 月曜日
- 1977 年
- http://cpc.people.com.cn/GB/143527/143528/
- 必須

●中国共産党の重要人物が他界した 1976 年

1976 年の 1 月 8 日に「人民の総理」周恩来が、7 月 6 日には「開国元勲」朱徳が他界。同年 9 月 9 日、「中国の赤い星」毛沢東は 3 度目の心筋梗塞で息を引き取る。10 月 7 日に四人組は逮捕され文化大革命は終結、毛沢東の後継者の華国鋒は翌日、「毛主席紀念堂」の建設を発表。政治家としては小物だった華国鋒は、毛沢東の権威が必要不可欠であった。毛沢東死去 1 周年の 1977 年 9 月 9 日、毛主席紀念堂は一般公開され、防腐処理をされた毛沢東の遺体は同館に丁重に祀られた。華国鋒政権は順調に進むかと思われたが、「新躍進」「洋躍進」と言われた経済政策が失敗、1978 年に鄧小平・陳雲らが政治の実権を握ることになる。1980 年 7 月 30 日、中共中央は「公的な場であまり多くの毛沢東の像・語録・詩歌を揚げることを控える」ことを公布。しかしながら毛沢東はスターリンのように、栄誉が剥奪され、遺体が改葬されることもなく、後継の指導者から犯罪行為や個人崇拝を告発されることもなかった。毛沢東の中国の統一は偉業ではあるが、大量の餓死者を出した大躍進と、冷酷無情な文化大革命の弾圧は批判されてもおかしくないのだが……。

●開館時間の短さに絶句！

毛主席紀念堂は中国共産党の聖地の中でも別格の施設であるため、カメラの持ち込みは厳禁。しかも開館時間は 08:00 から 12:00 までの 4 時間のみで、筆者は取材スケジュールの都合上、入館できなかった。館内 1 階の瞻仰庁に安置された毛沢東の遺体は灰色の人民服を着用し、中国共産党の党旗で覆われている。透明な水晶製の棺の周囲は兵士が厳重に守り、入館者が立ち止まることは許されない。入館無料ということもあり、遺体の維持や同館の運営だけでもかなり費用がかかるのではないだろうか？　2 階にはは毛沢東、周恩来、劉少奇、朱徳、鄧小平、陳雲の革命業績紀念室がある。華国鋒は同館の揮毫を行っているが、文化大革命を終結させた立役者でも存在感が希薄で、毛沢東の後継者でありながら革命業績紀念室はないようだ。実は筆者は 1998 年に入館したことがあり、館内の毛沢東の座像前でポラロイド撮影をしている。現在もそのようなサービスがあるのだろうか？　公式 HP によると、同館は一般公開されて以来、2.4 億人の入館者と海外の元首並びに首脳陣が 190 人以上訪れる人気スポットとのこと。それにしても、開館時間の異例の短さは何とかしていただきたい。

●天安門広場や故宮博物院の前に見学しよう

同館は天安門広場の人民英雄紀念碑の南側に位置している。地下鉄 1 号線の天安門東駅（天安門西駅より若干近い）から向かうのもありだが、地下鉄 2、8 号線の前門駅の方が同館とより近い。入館後は天安門広場、天安門、故宮博物院と効率的に見学が可能だったが、現在は前述の天安門広場の項目で述べたとおり、外国人には面倒な事前予約が必要になる……。

華北地方

中国共産党の長期的国家戦略で近代化を図った人民解放軍

中国人民革命軍事博物館

- 読 ちゅうごくじんみんかくめいぐんじ
  はくぶつかん
- 簡 中国人民革命军事博物馆
- 発 ヂョングゥオレンミングァミンジュンシー
  ボーウーグァン
- 北京市海淀区复兴路9号
- 北京地铁1、9号线「军事博物馆」下車
- 無料
- 09:00〜17:00
- 月曜日
- 1960年
- http://www.jb.mil.cn/
- 必須

●核開発を優先した人民解放軍の近代化

中国共産党軍は紅軍、八路軍・新四軍といった名称を経て1947年に人民解放軍として呼称されるようになり、国家に所属する軍隊ではなく、共産党直属の軍隊だ。それゆえ、中国の最高指導者は人民解放軍を掌握する必要がある。当初は装備もバラバラ（ソ連製、中国製、日本製、米国製が混在）で、軍隊の近代化が急務だったが、中国建国時の毛沢東は「他国から侵略されない」ことを国家目標とし、注力したのは核開発だ。大躍進や文化大革命で初代と二代目の国防部長の彭徳懐や林彪と対立、非業な死を遂げさせ、膨大な人民の犠牲を払っても、核兵器の開発を行った。その結果、1980年に米国まで届く大陸間弾道ミサイル（ICBM）の開発を成功させ、鄧小平は「百万人の兵力削減」を断行し、人民解放軍の近代化が急速化する。現在の習近平政権は「中華民族の偉大な復興」を目標とし、空母や宇宙開発など優秀な技術を有する人民解放軍は、周辺国家との軋轢が以前よりも際立っている。中国の政界の権力闘争や腐敗は凄まじいのだが、長期的国家戦略で国益を追求する姿勢は日本の政治家も正直、見習ってほしい。日本の国防だけでも改善すべき点は非常に多いのだから……。

●天井から軍用機を吊り下げる大胆な展示

中国人民革命軍事博物館は中国建国10周年を記念して1959年に建設され、1960年に一般公開される。同館は中国でも唯一の大型総合性軍事歴史博物館として大勢の入館者で賑わっている。内部は中国共産党指導者による革命戦争陳列、兵器陳列、軍事科技陳列といった項目で分類され、地下1階から地上4階まで大型武器や装備を250点以上、膨大な数の展示品や文物を収蔵している。入館すると毛沢東の像が出迎え、中国の闘争の歴史や軍事的発展を示すレリーフが並んでいる。1階から4階まで吹き抜け構造で、天井から吊り下げて展示している複数の軍用機は必見だろう。地下1階は大砲、戦車といった地上兵器が主な展示で、中国、日本、ソ連、米国、国民党軍といった多国籍の兵器が並んでおり、兵器マニアなら垂涎の内容だ。軍刀、拳銃、機関銃といった武器の展示も充実しているが、中国史に興味があれば、1階の歴代軍事陳列で甲冑や古代の兵器を鑑賞することも可能だ。同館をひととおり見学するには所要2時間は覚悟しておきたい。展示内容は当然のように政治と密接しており、一帯一路の写真展も開催されたりする。

●北京市ほぼ中央の好立地

同館は天安門から西へ数kmの位置にあり、地下鉄1号線、9号線の乗換駅の軍事博物館駅で下車すればすぐ目の前という抜群の好立地だ。北京市は魅力的な観光地が多いが、同館にも是非、足を運んでもらいたい。

華北地方

2014年の時点では同館は全館改修工事中で入館できず、展示されていた兵器は外に一時的に移動されていた。

中国製の024型ミサイルボートが入口前に展示されている。1966年に設計されており、全長27m、幅6.3m、最大排水量73.8 t。

同館入口前にある「軍民一致」というタイトルの群像。共産圏の彫像作製技術は注目に値するので、撮影を勧めたい。

1962年夏に毛沢東が揮毫した「中国人民革命軍事博物館」の館名。流れるような書体が特徴で、毛沢東の揮毫は中国各地で散見される。

館内エントランスで来館者を出迎える白い毛沢東の像。館内屈指の記念撮影スポットとして来館者で混雑している。

毛沢東像を囲むように配置されているレリーフは「南昌起義」「抵美援朝」「強軍之路」といったタイトルで人民解放軍の歴史と発展を表現。

第1章

館内には中国製のH-6（轟炸六型）爆撃機が展示され、天井からは複数の軍用機が吊り下げられている。写真後方にはDF-1（東風一号）といった弾道ミサイルも見られる。展示されている兵器は20世紀に製造されたものがほとんどだ。筆者は1998年に2回、入館しているのだが、展示方法など格段の進化を遂げている。

ソ連の爆撃機のTu-2はベルリンから満洲まで爆撃していた。人民解放軍空軍では1949年から使用され、1982年12月に退役した。

抗日戦争後、人民解放軍空軍が東北地方から鹵獲した日本軍の九九式高等練習機。1946年からパイロット養成に貢献している。

米軍のBQM-147無人偵察機の残骸。米軍は60年代から同機で中国の偵察を行い、1964年から1970年の間に計19機が撃墜された。

DF-1（東風1号）は人民解放軍初期の短距離弾道ミサイルで、ソ連の技術援助があって完成した。最大射程距離は約600km。

華北地方

日清戦争で日本海軍に鹵獲された清国北洋艦隊の戦艦の鎮遠の錨。鎮遠は日露戦争中、日本海海戦にも参加したが、1912年に横浜で解体され、錨は戦利品として上野公園に展示されていた。1947年に国民党政権へ返還され、上海、青島を経て、国共内戦後は同館で展示されている。錨の重さ4ｔ、長さは4.15ｍ。

日本海軍の四十五口径十年式十二糎高角砲。この砲は日本軍によって、上海の呉淞口の要塞砲として設置されていたが、元来は軍艦の装備。

中国製の対艦ミサイルHY-1(海鷹1号)は1970年代に就役。駆逐艦の装備もしくは、海軍基地、港湾、沿海都市の防衛にも使用される。

2種類の艦載機関砲が並んでいるが、軍艦については本物のミサイル駆逐艦や原子力潜水艦に乗艦見学が可能な後述の中国人民解放軍海軍博物館を勧めたい。

中国初の航空母艦の遼寧号の模型と巨大な油彩画。天津の泰達航母主題公園にはソビエト海軍の重航空巡洋艦のキエフが展示、乗艦も可能だ。

元々は日本軍の九七式中戦車改なのだが、1945年11月に共産党軍が瀋陽にあった関東軍戦車修理工場から鹵獲。すでに旧式だったが、共産党軍最初の戦車でもあり、「老頭戦車」と呼ばれていた。国共内戦では錦州、天津といった戦場で多大な功績があり、「功臣号」と称される。1949年の建国記念パレードにも参加している。

朝鮮戦争の際に中国人民志願軍が米軍から鹵獲したM4シャーマン中戦車。この車両の砲塔はかなり短くなっているが、破損がひどかったのか？

地下1階は日本、ソ連、米国、国民党軍が運用していたイタリア製の戦車も展示されている。どうやって地下に搬入したのか気になる。

中国の田舎の公園でも高射砲は散見されるが、ここまで密集して陳列されることは珍しい。当然、多国籍の高射砲が並んでいる。

様々な種類の大砲が並んでおり、日本軍の四五式二十四糎榴弾砲やドイツのクルップ社製の120㎜要塞砲にも注目したい。

華北地方

八一勲章を受章した空軍指揮学院元訓練部副部長の李中華が着用していた飛行服。2017年10月に本人が同館へ寄贈したとのこと。

人民解放軍の儀仗隊のマネキン。儀仗隊員はこれまで精悍な顔つきの男性ばかりだったが、2015年から女性儀仗隊員も軍事パレードに参加。

中国北洋政府の時期の指揮刀。北洋政府は中華民国の軍閥の一つだったが、蒋介石の国民政府によって統一される。

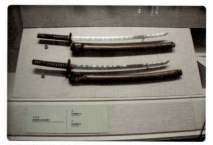

南満洲鉄道株式会社の儀礼刀、日本陸軍の九五式士官軍刀、九八式尉官軍刀、十九年式校官指揮刀といった大量の日本刀を展示。

大量の拳銃がガラスケースの中に吊り下げられている。前後から鑑賞できるようになっており、展示に工夫が見られる。

機関銃を射撃する彫像の後ろには軽機関銃が陳列されている。圧倒的な展示量は中国国内の観光施設でもトップレベルだろう。

中国、日本、ソ連、イタリアといった国で量産された重機関銃、軽機関銃がズラリと並ぶ。同館2階は主に軍刀、銃器、弾薬、軽兵器を陳列。

毛沢東や朱徳が愛用していたチェコスロバキアのシュコダ・VOS、中国の高級車ブランドで最高指導者が好んで使う紅旗が並んでいる。

同館のアイコン。ソ連や北朝鮮といった、共産主義国家の建造物に見られるスターリン様式を特徴のあるデザインにしている。

中国歴代軍事陳列のコーナーでは中国の歴代王朝の甲冑、攻城兵器、各種装備、軍事制度や軍事思想について紹介されている。

三国時代や南北朝時期の武器、装備。連射可能な諸葛連弩、輸送道具の木牛、馬具を展示。この時代は鋼鉄の兵器が一般化された。

習近平政権の肝いりの政策の一帯一路に関する展示。中国、日本、インド、トルコ、フランスといった一帯一路沿線の国家で1860年頃〜1950年頃に撮影した白黒写真をカラー化して陳列。日本やフランスは一帯一路に加入していないのだが……。入館者に一帯一路は国際社会から注目され、人類社会の共同理想、世界平和を発展させるエネルギーとしてアピールしていた。

華北地方

毛沢東を生涯支えた総理と、総理を生涯支えた賢夫人

周恩来鄧穎超紀念館

- 読 しゅうおんらいとうえいちょうきねんかん
- 簡 周恩来邓颖超纪念馆
- 発 ヂョウエンライドンインチャオジーニェングァン
- 📍 天津市南開区水上公園西路9号
- 🚌 天津地铁3号线「周邓纪念馆」下車
- 🎫 無料
- 🕘 09:00 ～ 16:30
- ❌ 月曜日
- 🏛 1998年
- 🔗 https://www.mzhoudeng.com/#/sy
- 📖 必須

第1章

●中国で尊敬される政治家夫婦

周恩来は 1898 年に江蘇省淮安府山陽県で生まれ、天津の南開中学で学び、日本とフランスに留学している。パリで共産主義小組に加入し、帰国後は蒋介石が校長の黄埔軍官学校の政治部主任にもなっていた。南昌蜂起、上海での地下活動や長征を経て、西安事件では第二次国共合作を取りまとめる。新中国建国後、死ぬまで国務院総理を務め、時には外交部長（外相）を兼任、米中和解や日中国交回復も実現している。周恩来は失脚することなく生涯、毛沢東を支えたが、鄧小平は周恩来の文革期間における歴史的災難を軽減し、長引かせてもいる二面性を指摘している。1976 年、膀胱ガンで逝去。享年 77。中国共産党には複数回の婚姻歴を持つ指導者（毛沢東、劉少奇、鄧小平など）が多い。しかし周恩来は鄧穎超（とう・えいちょう）と 1925 年に結婚してから、おしどり夫婦として有名だった。長征に参加していた鄧穎超は肺結核にかかって担架に担がれることもあったが、時には肝臓膿瘍で昏睡状態の周恩来の看護もしていた。抗日戦争中、周恩来の国共統一戦線の任務を支え、新中国建国後は女性解放と児童の福祉の運動において指導的役割をはたし、強い影響力を発揮している。1992 年に 88 歳で他界。周鄧夫婦に実子はなかったが、養子の 1 人は国務院総理を務めた李鵬だ。

●夫婦のゆかりの地にある紀念館

周恩来鄧穎超紀念館は 1998 年 2 月 28 日、周恩来生誕 100 周年記念日の数日前に開館。同館の場所は周鄧夫婦が出会った南開大学近くで、現在は全国愛国主義教育示範基地、国家一級博物館、国家 4A 級旅遊景区といった認定がされている。敷地内ではメイン展示ホール、実際のスケールで再現した周鄧夫婦の職場兼住居の北京中南海の西花庁、周恩来専用機、鄧穎超の遺灰を散骨した新海門船が見どころだ。メイン展示ホールの 1 階は周恩来関連の紹介で、日本留学中の資料、張学良と握手する像、本人が着用していた人民服といった展示がされていた。2 階は鄧穎超の展示で、周恩来とのツーショット、本人の講話が掲載された人民日報、周鄧夫婦の散骨前の遺灰を入れた骨壺の展示が見られた。日本語の解説もある公式 HP によると、同館は世界でも唯一の夫婦の政治家の紀念館とのこと。

●アクセス便利な天津水上公園のエリアに位置している。

同館へは天津地下鉄 3 号線の周鄧紀念館駅で下車、B 出口のすぐ近くなのでアクセスはとても便利だ。天津市内でもかなり人気スポットなのか、休日ともなると入館は長蛇の列を覚悟しなければならない。筆者は取材スケジュールの都合でメイン展示ホールのみ駆け足でしか見学できなかったこともあり、時間に余裕を持って訪問するのがお勧めだ。見学後は天津水上公園をぶらぶら歩いてみよう。

華北地方

同館の前身は 1977 年に開館した周恩来同志青年時代在津革命活動紀念館（青年時代館）で、館名の題字は葉剣英の筆によるものだ。青年時代館には周恩来の中学時代、日本留学時代、五・四運動、フランス留学時代の資料が展示されていたが、現在の周恩来鄧穎超紀念館に統合されている。同館の館名は江沢民による揮毫となっている。

人民総理周恩来 1898-1976 と表記された胸像。新中国建国後の周恩来をモデルに作られたもののようだ。

館内に再現された周恩来同志故居の入口。館内には周恩来の幼少時の写真や資料の展示もさすがに充実している。

同館エントランスに展示されている周鄧夫婦の彫像。像の前には中国共産党入党宣詞のありがたい文言も見られた。

第 1 章

周恩来（後列左から3人目）と日本留学中の南開中学の同級生との記念写真。周恩来は日本でマルクス主義に触れることになる。

周恩来が日本留学中に読んでいた雑誌や書籍。『新青年』『解放』『改造』や河上肇の『社会問題研究』が並んでいた。

1919年4月5日、周恩来は帰国前に京都に立ち寄り、歌った詞の「雨中嵐山」は1979年に嵐山の周恩来記念碑に刻まれている。

周恩来は帰国後、南開大学に入学し、「天津学生連合会報」を発行。その際の印刷機は警察に押収され、会報は発行停止となった。

周恩来は男女各10人からなる「覚悟社」を結成。抗議デモや集会を組織し、小冊子を発行していた。館内で覚悟社旧址の入口を再現。

覚悟社は、女性会員の入会を認めたが、学生の恋愛は禁止。周恩来のフランス留学時に、覚悟社は鄧穎超の手にゆだねられる。

周恩来の訪欧時に共産主義への信仰を確立させたと解説された写真。1921年3月、周恩来はパリ共産主義小組に加入している。

華北地方

1924年9月、周恩来は広州に戻り、中共広東区委委員長兼宣伝部部長に、同年11月、写真の黄埔軍官学校の政治部主任に就任。

南昌蜂起についての解説。詳細は118ページの南昌八一起義紀念館の項で述べるが、新中国の名だたる軍人が参加している。

抗日戦争中の周恩来の写真。他の共産党聖地ではあまり見られないような写真も展示されており、周恩来ファンなら訪問を勧めたい。

1937年9月に周恩来が起草した「中国共産党の国共合作宣言公布」と中共中央革命軍事委員会による紅軍改編命令。

「周恩来と張学良」というタイトルの像。西安事件前に延安の廃墟となった教会で会談する周恩来と張学良を表現しているようだ。

抗日戦争終結後の1945年8月28日、毛沢東、周恩来といった共産党の要人が重慶を訪問し、蒋介石との会談に臨む。

1948年4月23日、河北省平山県西柏坡で毛沢東の遼瀋、淮海、平津三大戦役の指揮の補佐をする周恩来。

1949年10月1日、北京の天安門広場で行われた中華人民共和国開国大典。天安門での毛沢東と周恩来らの写真。

新中国建国初期にソ連政府から周恩来に贈られた高級乗用車のジム。ソ連の政府高官向けに作られる特別仕様の車だ。

周恩来の身分証明書。姓名、性別は書かれていたが、年齢、部別、職業の欄は未表記。日付は1956年4月1日となっている。

1960年8月30日、北京の密雲ダムに訪問した周恩来。前年に完成した密雲ダムは華北地方最大の多目的ダムで、北京市に生活用水を供給。

周恩来が実際に着用していた人民服。姪の周秉徳（しゅう・へいとく）（『私の伯父さん周恩来』の著者）が寄贈している。

1964年10月16日、周恩来は人民大会堂で「我が国初の原子爆弾実験に成功した！」と宣布した。中国はアジア初の核兵器保有国になる。

華北地方

周恩来が3回の外遊で訪問した欧州、アジア、アフリカ各国の概略図。当時から中国はアフリカとの外交を重視していた。

1954年、周恩来はインド首相のネルーと会談し、平和五原則で合意。その後、ダライ・ラマ14世のインドへの亡命や中印国境紛争も勃発。

1971年、周恩来は林彪事件後、果断に処理を行う。1973年3月、鄧小平を国務院副総理の職務に復帰させる。

1972年に逝去した陳毅への周恩来の追悼の詞と、周鄧夫婦が陳毅追悼会で着用した黒い腕章（西花庁職員の霍愛梅寄贈）。

1960年、周恩来がカンボジア国王スラマリットの葬儀に参列した際に着用したスーツ。周恩来の秘書の趙茂峰の寄贈。

1972年、田中角栄と日中国交回復を実現（写真左下）、ニクソン訪中（写真右下）に対応する周恩来。同年、膀胱ガンが発見される。

1975年1月、第4期全国人民代表大会（写真左）で周恩来は最後の演説を行った。この年は蒋介石、翌年は周恩来が他界。

第1章

1925年に広州で撮影された周恩来と鄧穎超のツーショット。同年8月8日に2人は簡素な式ながら、結婚している。

1955年に北京郊外の万里の長城の八達嶺で撮影された周恩来と鄧穎超。八達嶺は長城の中でも有名な観光スポットだ。

鄧穎超は1924年に中国共産党に入党、中国の婦人運動の先駆者、指導者として評価されている。国内外の婦人団体とも交流。

周鄧夫婦の遺灰を入れた骨壺は、中共中央弁公庁特別会計室が展示を許可している。意外と間近で観賞できる。

写真奥には天津水上公園の遊具や天塔が見える。右のドームには、周恩来専用機のソ連製のイリューシン14が展示されている。

同館は平日でもかなり混んでいた。入館無料だが、スマホでの事前予約と、外国人はパスポートの提示も必要だ。

華北地方

抗日戦争の主戦場と国共内戦の革命拠点となった河北省

華北革命戦争紀念館

- 読 かほくかくめいせんそうきねんかん
- 簡 华北革命战争纪念馆
- 発 ファーベイグァミンヂャンヂォンジーニェングァン
- 河北省石家庄市中山西路343号
- 石家庄地铁1号线「烈士陵园」下車
- 無料
- 5〜9月　09:00〜11:30　14:30〜17:30
  10〜4月　09:00〜11:00　14:00〜17:00
- 月曜日
- 2011年
- http://www.hbjqlsly.com （華北軍区烈士陵園）
- 必須

第1章

●革命の拠点は延安から西柏坡へ

河北省は抗日戦争時に日本軍（傀儡政権）、国民党政府、中国共産党の抗日根拠地といった勢力が入り乱れ、さながら"三国志"のような状況だった。1936年の西安事件の時点で壊滅寸前だった中国共産党は、1946年の国共内戦開始時点で100万人以上に兵力を拡大。一方、国民党軍は430万の兵力にアメリカ軍から最新の兵器を供給され、当初の戦局は優勢だった。1947年3月には革命の拠点の延安も国民党軍によって、陥落している。党中央（中国共産党中央委員会）は延安撤退後、陝西省の棗林溝で重要会議を開催、毛沢東、劉少奇、周恩来、朱徳、任弼時（にん・ひつじ）の五大書記の責任分担を決定。毛沢東は全国の軍事指揮を担い、劉少奇は党務と白区工作、周恩来は毛沢東の補佐を担当。朱徳は党の監察工作、任弼時は土地改革を行った。党中央は各地での転戦を経て、河北省石家荘市平山県西柏坡（せいはくは）に1948年5月から翌年3月まで設置された。国共内戦の戦局は1947年の秋から変わり、共産党軍（紅軍）は人民解放軍と名称を改めた。人民解放軍の戦略・戦術と人民の人心掌握の巧みさに比べて、国民党軍は士気が低く、人民からも支持されなくなった。1948年秋からの「遼瀋戦役」「淮海戦役」「平津戦役」の三大戦役で国民党軍の主力は連続して敗北している。毛沢東にとっても、国民党軍の瓦解の速さは意外なことだった。1949年3月、党中央は北平（後に北京と改称）に入り、全国政権を樹立させる準備に取り掛かる。

●烈士陵園の戦争紀念館

1948年秋に朱徳が石家荘の視察をした際、革命烈士を悼む烈士陵園の建立を提案した。華北軍区烈士陵園は1953年6月に竣工、園内の華北革命戦争紀念館は2011年に基礎的な部分が完成し、拡張を続けているとのこと。同館屋根の上の1919と1949は西暦を表現しているようだ。館内の展示は1919年の五四運動から河北省での抗日戦争、国共内戦から1949年の中華人民共和国の建国と河北省人民政府の成立の流れが紹介されている。華北軍区烈士陵園の敷地内には革命烈士紀念碑、烈士紀念館、拙作『中国抗日博物館大図鑑』で紹介した白求恩・印度援華医療隊紀念館といった見どころがある。筆者が見たところ、来園者で賑わう施設とは感じなかったが、厳粛な雰囲気が漂っており、園内での軽率な行為は特に慎むようにしてほしい。

●謎の昼休みがある開館時間

石家荘地下鉄1号線の烈士陵園駅前とアクセスは非常に便利。しかし華北軍区烈士陵園の公式HPによると、正午を前後した約3時間は閉館している模様で、この手の施設にしてはかなり珍しい。筆者取材時の2019年5月の時点では12：00前に閉館、なぜか13：30には入館可能で、中国らしい緩さが見られた。いずれにせよ、同館見学の際には昼休み時間の訪問は避けた方が賢明だろう。

華北地方

入館すると、いきなり2階への階段が出現する。1階の革命烈士の納骨堂とのことで、一般人が見学することは難しいようだ。

驚天動地の大事件として、五四運動が紹介され、李大釗（り・たいしょう）らが河北各地にマルクス主義を広めたと解説されていた。

河北省の抗日活動を塑像で紹介している。館内には他の中国共産党聖地と同様に、日章旗や日本軍の軍刀も展示されていた。

抗日戦争期間中の河北省の人民の犠牲者や強制連行された労工の人数、略奪された資源の量を数字やグラフで紹介していた。

「西柏坡の五大書記」というタイトルの巨大な油彩画。左から任弼時、毛沢東、劉少奇、周恩来、朱徳が描かれている。任弼時は中国建国後の1950年に脳出血で急死、享年47。五大書記の中では一番若かったが、最初に他界。あと10年ほど生きていれば、他の五大書記同様、旧百元札に描かれていたかもしれない。

第1章

河北軍民保衛解放区・柏坡聖地育成（筆者意訳）新中国と書かれている。西柏坡の五大書記の銅像が印刷されている。

「送軍鞋」というタイトルの像。群衆が前線に大量の軍靴を送る様子を表現し、国共内戦の勝利に貢献したと述べられていた。

「搶修橋梁」というタイトルの油彩画。平津戦役で前線へ物資供給をする目的で解放区の人民が橋梁を架設する場面を描いている。

1949年1月31日、平津戦役での勝利後、河北省全域が解放。同年8月1日、河北省人民政府が成立。写真は成立大会の会場。

華北軍区烈士陵園の革命烈士紀念碑。題字の"為国犠牲永垂不朽"（国の為の犠牲は永遠に朽ちない）は毛沢東が揮毫している。

華北軍区烈士陵園の烈士紀念館。1953年に完成した館内では50人の著名な革命烈士の事跡を170枚の写真で紹介している。

敷地内の白求恩・印度援華医療隊紀念館。カナダ人の外科医のノーマン・ベチューンと5名のインド人医療チームを讃えている。

華北地方

原子力潜水艦を見学できる中国の海洋進出を正当化する施設

中国人民解放軍海軍博物館

- 読 ちゅうごくじんみんかいほうぐんかいぐんはくぶつかん
- 簡 中国人民解放军海军博物馆
- 発 ヂョングゥオレンミンジェファンジュンハイジュンボーウーグァン
- 山东省青岛市市南区莱阳路8号
- 青岛地铁3、4号线「人民会堂」下车
- 無料
- 09:00 ～ 17:00
- 月曜日
- 1989年
- https://www.hjbwg.com/home
- 必須

●中国海軍の発展と代償

中国人民解放軍の中・長期的戦略目標としては、台湾平定による「祖国統一」、台湾周辺海域の制海権・制空権の確保となっている。中国の経済発展とともに軍事費は大幅に拡大、海軍海上戦力は米海軍を上回る規模の艦艇を保有している。2022年には2隻目の中国国産空母として、電磁式カタパルトが採用された「福建」（003）が就航しているものの、米中間の空母運用能力にはまだまだ差がある。しかしながら、中国は遠方の海域における作戦遂行能力を確実にステップアップしており、米軍も警戒を強めている。さらに、海軍と海警の連携も強化、中国海警に所属する船舶の大型化・武装化もされている。当然ながら、中国独自の主張による東シナ海（尖閣諸島を含む）、南シナ海、西太平洋における活動は日米豪印越比台といった周辺国の反発を招いている。このような軍事拡大は中国を念頭に置いた多国間の連携を深めているので、かえって中国の国益を損ねているのでは？という状況だ。例えば2023年には中国と南シナ海で領有権を争うフィリピンは、一帯一路（問題だらけのインフラ投資計画）から離脱している。習近平政権のスローガンの「社会主義核心価値観」には"法治"という文言も含まれているので、領有権に関する国際法も遵守してほしいところだ。中国の経済成長の鈍化に従って、軍事費の伸び率にも減少が見られるものの、アジア太平洋地域では当分、軍事的緊張は継続されるだろう。

●中国唯一の海軍をテーマにした博物館

中国人民解放軍海軍博物館は1989年に開館し、全国国防教育示範基地、全国愛国キ義教育示範基地にもなっている。2021年6月、中国共産党成立100周年を記念して同館の拡張工事が完了し、室内、陸上、海上の三大展区が整備された。室内主展館では中国の海軍の歴史や毛沢東と海軍に関連する展示品を紹介している。陸上装備展区には中国海軍の小型水面艦艇、海軍航空装備、海軍陸戦装備、海軍岸防装備が展示されている。海上艦艇展区には3つの埠頭があり、駆逐艦、護衛艦、潜水艦といった軍艦が6艦展示されている。筆者取材時は4艦のみだったが、原子力潜水艦の「長征1号」（401）にも乗艦できた。原潜を見学できる博物館は中国でも同館のみ、海外では2館のみとのこと。艦内の撮影は厳禁だったが、限られた居住空間では寝台は1人1台ではなく、非番の者が共有するといった、現場を目撃することもできた。公式HPにも書かれているように、同館は全民の海洋意識と海権（海洋権益）観念の教育施設であり、中国の海洋進出を正当化している。中国と海洋権益を争う周辺国の事情はまったく考慮しないのだろう。

●海岸沿いの地下鉄駅のすぐ近く

同館は青島地下鉄3、4号線の人民会堂駅のすぐ近くにあり、青島の街並みを楽しめる海岸沿いの通りにある。個人的には、タクシーに乗ればそれほど時間がかからない場所にある、青島ビール博物館もセットで訪問することをお勧めしたい。

華北地方

2019年の時点での同館の入口。完成予想図からすると、概ね、計画通りに新館の建築は行われた模様。

上から見ると「H」の形状をしている豪華な新館。筆者取材時には潜水艦は1艦しかなかったが、現在は2艦展示されている。

公式HPによると、同館の正式名称は「中国人民解放軍海軍博物館」だが、入り口付近の錨には「中国海軍博物館」と表記。

国防教育の一環で大勢の学生が見学している。日本で反戦・平和活動をしているメンバーの感想が知りたいところだ。

軍用のホバークラフトも展示されていた。操縦席には入れないなど制限はあるが、艦内を見学することも可能だ。

ホバークラフトの艦内は主に記念品グッズの売店になっており、壁にはホバークラフトの解説のボードも見られた。

「南昌」初教六型。中国産の練習機で、タンデムシートの前部に訓練生、後部に教官が座る。初等の訓練生の飛行訓練に使用された。

1970年代にフランスから導入した艦載ヘリコプターの直8。運搬、救護、対潜攻撃といった、用途は多岐にわたる。

中国の愛国主義教育の博物館でよく見かける双 37 mm 高射砲。来館者の子供たちの遊具になっていることが多い。

中国産の潜水艦発射弾道ミサイルの巨浪 1 型（JL-1）。1982 年に水中の通常動力型潜水艦からの試射に成功している。

中国で開発された対艦ミサイルの鷹撃 -83（YJ-83）を搭載した車両。1999 年の建国 50 周年の国慶節の軍事パレードで公開された。

マニュアルで操作して射撃、砲弾の装填をする 100 mm 艦砲（左）と駆逐艦や護衛艦の主砲として運用されている 130 mm 艦砲。

触発機雷も屋外に展示されていた。筆者取材時は様々な兵器が雑然と並んでいたが、現在はちゃんと整列されているようだ。

2019 年の時点で工事中の新館を見ても、かなり立派な建物だとわかる。日本の政府も博物館の維持にもっと資金を投入してほしい。

同館の職員。迷彩柄の海軍服を着用しているが、尋ねてみると、軍人ではなかった。運動靴を履いており、本職の軍人にはない緩さが見られた。

華北地方

中国初の駆逐艦の「鞍山」(101)はソ連で建造され、1941年に就役。1954年に青島に到着し、1992年に退役している。

「鞍山」(101)は中国駆逐艦部隊の一番艦、旗艦であり、周恩来、劉少奇、鄧小平、賀竜、彭徳懐といった政治家も視察している。

中国初の国産防空護衛艦の「鷹潭」(531)。1971年に進水し、1994年に退役、同館で展示される。その後は鄧小平や江沢民も視察。

「鷹潭」(531)の艦首側。H/PJ-33A 100mm連装砲、艦対空ミサイルのHQ-61、対潜ロケット砲が見える。

1980年5月19日、「鞍山」(101)のこの場所から黄海海域へ劉少奇の遺灰を散骨。この年に劉少奇の名誉はようやく回復している。

1988年、ベトナムとのスプラトリー諸島海戦において、「鷹潭」(531)はベトナム側艦艇を1隻、撃沈している。

中国初の国産駆逐艦の「済南」(105)。1970年に進水、2007年に退役。2008年に同館で展示される。

「済南」(105)のブリッジの内部。計器類の保存状態はさすがに良好だが、スロットルは鎖でがっちり固定されていた。

「済南」(105)のヘリコプター甲板とVR体験中心となった、ヘリコプター用のハンガー。5種類のVRゲームが設置されていた。

VR体験中心の内部。VRゲームの代金は30～40元(約630～840円)と少々、高く感じた価格設定だった。

中国初の原子力潜水艦の「長征1号」(401)は1970年12月26日、毛沢東の誕生日に進水。2003年に退役、2016年に同館へ。

原子核、核反応、原子力潜水艦についての解説。令和5年版防衛白書によると、将来的には原子力空母の建造計画が存在すると指摘されている。

現在、「長征1号」(401)の隣には「長城200号」(200)(通常動力型潜水艦)が停泊し、見学が可能だ。

「長征1号」(401)に乗艦前にはカメラは手荷物として預ける必要がある。スマホは持ち込み可能だが、内部の撮影は厳禁だ。

華北地方

毛沢東選集

毛主席語録

共産党指導者扇子

腐敗官僚トランプ

中国共産党グッズ

　中国共産党聖地巡礼をしていると、何がしかの記念品を購入したくなるだろう。実際に巡礼をする予定の読者は、筆者の私物を参考にしてみてほしい。

　まずは『毛沢東選集』だ。90年代後半に北京の骨董市で購入したものと記憶している。1968年に北京で印刷されたものであり、ケースの表と裏には、林彪による「毛主席万歳！万歳！万万歳！」と毛沢東を讃えるお言葉が書かれている。現在ではレアものなのだろうか？　日本では『毛沢東語録』と呼ばれる『毛主席語録』にも注目しておきたい。筆者は蒲田で開催されたイベントで購入したのだが、中国語版である。いつ出版されたのか不明だが、かなり新しいものと推測され、現地で見かけたら購入をお勧めしたい。紅衛兵のコスプレには、必須のアイテムだろう。夏の重慶で購入した扇子には毛沢東、劉少奇、周恩来が、裏側には十大元帥が全員、描かれている。便宜上、共産党指導者扇子とネーミングしておきたい。五大書記の任弼時が描かれていないのは、本人が早死にしたことも原因なのだろうが、あれだけの事件の首謀者の林彪が描かれているのは、功績を無視できないようだ。筆者は3本購入し、友人に1本進呈した結果、「打虎風暴」という腐敗官僚トランプを譲っていただいた。習近平政権の反腐敗キャンペーンの「虎もハエもたたく」というスローガンの下、党籍を剥奪された周永康、徐才厚、令計画、蘇栄といった「大老虎」も掲載されている。薄熙来のカードはなかったが、友人の証言によると、別バージョンの腐敗官僚トランプでは薄熙来がジョーカーになっているとのこと。中国観光の際には日本では入手困難であろう現地のトランプにも注目してみよう。

極寒の地の抗日武装勢力と黒竜江省の歴史を展示

東北抗聯博物館

- 読 とうほくこうれんはくぶつかん
- 簡 东北抗联博物馆
- 発 ドンベイカンリェンボーウーグァン
- 📍 黑龙江省哈尔滨市哈南岗区一曼街 243 号
- 🚌 哈尔滨站北广场から 36 路のバスに乗り「八区街」下車、徒歩 1 ㎞
- 無料
- 09:00 〜 16:00
- 月曜日
- 2010 年
- とくになし
- 閉館している

●東北抗日聯軍の楊靖宇と謝文東

植民地支配にはほとんどの場合、現地民の激しい抵抗が発生する。満洲国建国から約1年後の1933年3月に満蒙開拓団（当初は「移民」と呼ばれた）が満洲へ入植。現地では荒地の開拓ではなく、多くは満洲人の農地を強制的に買い上げ、開拓団に与えられ、現地人の反発を招く。楊靖宇は1936年に東北抗日聯軍第一軍を率いることになり、日本側からも畏敬される活躍をしていたが、日満軍警の討伐作戦により次第に追い詰められる。1940年2月、楊靖宇は吉林省蒙江県で住民に抗日救国を説いたところ、特務機関に通報され、投降を拒否して射殺される。1934年3月に発生した土竜山事件では、謝文東は土地を収奪された約1万人の農民を率いて日本人武装移民入植地を攻撃、日本軍の連隊長を殺害している。謝文東は1936年に東北抗日聯軍第八軍を率いることになったが、翌年、満洲国へ帰順。国共内戦では国民党軍に所属して活動した結果、1946年に中国共産党によって、漢奸として処刑される。東北抗日聯軍は漢族、満洲族、朝鮮族といった、多民族で構成され、最盛時には約3万人の兵力で日本軍と対峙。しかし圧倒的物量と帰順工作によって敗退し、およそ千人の隊員がソ連に逃れた。戦後も生き残った東北抗日聯軍の中には、後に北朝鮮の指導者となる金日成も師長になっていた点も特筆事項だろう。

●地名に名を留める東北抗日聯軍の民族英雄

同館は2010年に完成し、東北烈士紀念館に隣接している。抗戦十四年・東北抗日聯軍歴史陳列のコーナーには楊靖宇、李兆麟、謝文東、趙一曼といった、抗日英雄の紹介がされている。ハルビン巾内には靖宇街、兆麟街、同館住所の一曼街のような抗日戦士の名が地名になった場所が見られる。館内には等身大人形による東北抗日聯軍の闘争の場面の再現も多い。極寒の地の黒竜江省らしく、雪の中でのサバイバルシーンは、心に迫るものがある。戦後の黒竜江省の発展も述べられており、中国の歴代指導者の現地視察の紹介は当然だろう。しかし通常の中国共産党聖地同様、大躍進については触れられていなかった。文化大革命については、重大な挫折と損失があったと簡潔な説明のみだった。同館も中国共産党の失政については腫物のように扱っていることから、黒竜江省でも甚大な問題が発生したのだと考えられる。

●暫く閉館しているとのこと

同館へのアクセスはハルビン駅北広場から36路のバスに乗り八区街で下車、徒歩1km。市内からタクシーで行けば問題ないだろう。筆者取材時の2018年に東北烈士紀念館は入館できなかったが、2022年にようやく営業再開。しかし同年にこんどは同館が閉館してしまった。改修工事だとしたら数年単位で行われるはずなので、個人的には中国共産党結党100周年だった2021年までには完了してほしかった。

東北地方

入口の電光掲示板には、習近平政権のスローガンの「不忘初心・牢記使命」（初心を忘れず、使命を胸に刻む）が流れていた。

筆者取材時は入口前に「東北抗日聯軍博物館」「中共黒竜江歴史紀念館」のプレートがあった。現在は「東北抗聯博物館」に改称された模様。

同館地下階の抗戦十四年・東北抗日聯軍歴史陳列の入口のオブジェ。「勇赴国難」というタイトルで、武装した抗日戦士が表現されていた。

東北抗日聯軍組織序列の沿革の表。複数の反日遊撃隊が東北人民革命軍、東北抗日聯軍へ、もともと一〜十一軍まであった東北抗日聯軍は1936年に第一〜三路軍へ改編された。しかし関東軍による抗日軍民の分断工作により苦境に立たされ、1942年8月に組成された東北抗日聯軍教導旅団では、抗日指導者の数が激減している。

第2章

東北抗日聯軍第一軍軍長の楊靖宇。連環画『抗日英雄楊靖宇』にも、死後に解剖された胃袋には 野草、樹皮、綿しかなかったと表記。

東北抗日聯軍第八軍軍長の謝文東の抗日活動の表記はあったが、中国共産党によって、漢奸として処刑された経緯は未表記。

四川省出身の趙一曼は有名な女性の抗日英雄で、1936年に関東軍によって、処刑されている。館内には子息への遺書（複製品か？）も展示。

東北抗日聯軍第三路軍総指揮の李兆麟はソ連に撤退して戦後まで生存。1946年3月にハルビン市内で国民党の特務機関によって暗殺される。

1937年8月21日の五道崗伏撃戦のシーンを再現。周保中指揮下の東北抗日聯軍第五軍が、五道崗で日本軍を襲撃、300名以上を殺害。

1940年9月25日の克山戦闘のシーンを再現。王明貴指揮下の東北抗日聯軍第三路軍が、克山の監獄から200名以上の愛国人士を解放。

関東軍は抗日遊撃区の農家を一か所に強制移住させ「集団部落」を建設し、警察官が常駐。東北抗日聯軍への補給が断たれることになる。

防毒マスクといった七三一部隊関連の展示。ハルビン市郊外の侵華日軍第七三一部隊罪証陳列館は現在、地下鉄で訪問可能だ。

東北地方

楊靖宇、趙尚志、李兆麟といった東北抗日聯軍の指導者は、それぞれ軍歌も作詞していた。館内には軍歌を聴かせる工夫が欲しいところだ。

抗日戦士の王昆が使っていたギターと「国恥紀念歌」「愛我東北」「露営之歌」「義勇軍進行曲」といった歌曲が収録された東北抗日聯軍歌集。

東北抗日聯軍の雪中露営の食事シーン。鉄兜を鍋にしており、朝鮮戦争時が発祥の韓国料理のプテチゲ（部隊チゲ）を彷彿とさせる。

東北抗日聯軍第六軍被服場での軍服製造。中国で最も寒い地域の黒竜江省の冬は気温が－30℃になることもあり、軍服の防寒性能は死活問題だ。

東北抗日聯軍簡易医院での治療。抗日聯軍各部隊で医薬品が欠乏する困難な条件下、簡易医院を開設し、負傷した隊員の回復に努めた。

関東軍の討伐作戦により苦境に立たされた東北抗日聯軍は1938年6月から海倫地区へ「西征」を敢行。半年で多大な犠牲者を出した難軍だ。

1940年1月24日、伯力（現在のハバロフスク）会議での写真左から馮仲雲、周保中、趙尚志。敗退した東北抗日聯軍の方針が決定された。

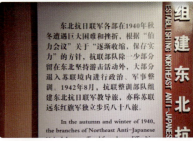
伯力会議の結果、東北抗日聯軍の大部分はソ連に撤退し、組成された東北抗日聯軍教導旅団はソ連軍第88独立狙撃旅団とも呼ばれていた。

1945年8月9日、ソ連軍とともに東北抗日聯軍教導旅団も満洲に進攻。当然ながら、ソ連が日ソ中立条約を一方的に破棄した記述はない。

ソ連軍砲兵による関東軍要塞への砲撃。関東軍は南方戦線に兵力を抽出され、満洲国の防備は弱体化していた。

当時のソ連軍の武器。手榴弾、鉄兜、銃のパーツ、空軍パイロットの信号銃の他に、付近にはタイプライターも展示されていた。

ハルビン解放を表現した油彩画。ソ連軍の中戦車のT-34も描かれている。都合が悪いのか、館内で1964年の中ソ国境紛争は紹介されず。

東北人民が抗日戦争の勝利を祝う写真。人民の表情から判断すると、満洲国の統治は現地人にとっては、問題が多かったのではないだろうか？

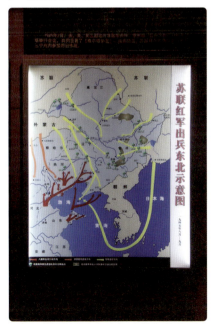

ソ連軍の満洲進攻概略図。赤色の矢印が八路軍、オレンジ色の矢印がソ蒙聯軍、黄色の矢印がソ連軍の進攻方向だ。暖色系の矢印は紛らわしい。

ハルビン中ソ友好協会会長になった李兆麟将軍によるドイツファシスト戦勝記念日大会での講話。市内の兆麟公園はハルビン氷祭りの会場の1つ。

東北地方

地上階の紅旗・黒土・豊牌・中共黒竜江歴史陳列のコーナー。黒竜江省における中国共産党の功績を自画自賛する内容だ。

第一世代の中国共産党の指導者が黒竜江省を視察した際の写真。上の段から周恩来、劉少奇、朱徳、陳雲の写真が展示されていた。

1996年2月4日、中共中央総書記、国家主席、中央軍委主席の江沢民がハルビンで開催された第3回アジア冬季競技会の開幕式に出席。

2009年6月、中共中央総書記、国家主席、中央軍委主席の胡錦濤が黒竜江省の大慶、ハルビン、肇東を視察した写真。

黒竜江省の歴史ということで、再度、東北抗日聯軍の紹介。同館地下階の東北抗日聯軍歴史陳列を訪れない見学者がいるのだろうか？

「八女投江」の塑像。1938年10月、西征中に東北抗日聯軍第五軍の女性戦士8名が関東軍に包囲され、烏期渾河に身投げして殉死している。

1945年9月、東北抗日聯軍教導旅団の隊員が占領した黒竜江省の戦略要地。東北根拠地の建立が国共内戦の勝利の基盤になった。

抗日戦争勝利後、土地改革によって封建土地制度を撤廃することで、多くの農民の積極的な根拠地の建設と軍への参加を促した。

1948年11月、東北地方全域が解放される。黒竜江省は7千人以上の指導者を南下させ、全国新区建設の支援を行った。

1950年代の「北大荒」のシーンを再現。第一世代は人力で無人の荒野を開拓し、現在は肥沃な農地になっているとのこと。

1956年から1966年の黒竜江省国内総生産のグラフ。この時期に発動された大躍進については一切、述べられていなかった。

全国と同様、文化大革命の内乱は黒竜江省でも重大な挫折と損失があったと記述。東北抗日聯軍の具体的な戦果と比べると、抽象的な言葉の羅列。

現在の黒竜江省の発展を紹介。東北抗日聯軍の活躍だけでなく、大躍進や文化大革命の様子も等身大人形で再現してほしいところだ。

黒竜江省は2002年からチベット自治区、2008年の四川大地震の被災地、2010年から新疆ウイグル自治区を支援している。

館内最後の方の抗日英雄のイラスト。左から楊靖宇、趙尚志、李兆麟、趙一曼、朱瑞、楊子栄、冷雲が描かれている。

敷地内にソ連の中戦車のT-34が展示。独特な防弾構造と強大な火力が特徴で、1940〜50年代に8万台以上が生産された。

東北地方

数十万人の犠牲者を出した長春包囲戦の解放紀念碑

長春市南湖公園

- 読　ちょうしゅんしなんここうえん
- 簡　长春市南湖公园
- 発　チャンチュンシーナンフーゴンユェン
- 📍　吉林省长春市朝阳区工农大路 2715 号
- 🚌　长春轨道交通 1 号线「东北师大」から徒歩 10 分
- 💰　無料
- 🕐　24 時間開放
- ❌　とくになし
- 🏛　不明
- 🍴　とくになし
- 📖　とくになし

第 2 章

●人肉相食む地獄絵図となった長春包囲戦

満洲国の首都だった新京は日本が莫大な資金を投入して近代都市として変貌し、人口は15万人程度から70万人に激増。戦後は50万人にまで減少している。国共内戦での長春包囲戦が始まった1948年5月の時点では、東北地方の主要都市以外のほとんどの中小都市と農村は人民解放軍の支配下にあった。林彪指揮下の東北野戦軍は長春を二重の鉄条網で囲み、徹底した食糧封鎖を敢行。幼少時に長春包囲戦に巻き込まれ、家族と命からがら脱出した遠藤誉の『卡子（チャーズ）中国建国の残火』によると、市内では餓死者が続出し、人肉市場まで出現、文字通りの餓鬼地獄となった。同年10月19日、長春を防衛していた国民党軍の鄭洞国は投降したものの、長春市民の犠牲者は数十万人とも言われている。鉄条網を越えようとして、人民解放軍の兵士に射殺された市民も多かった。同年11月には瀋陽も陥落し、「遼瀋戦役」は中国共産党による東北地方の解放で幕を閉じる。国民党政権にとって、重工業が発展した東北地方からの撤退は手痛い打撃となった。

●広大な敷地の公園に設置された長春解放紀念碑

長春市南湖公園は満洲国の時代には黄竜公園、戦後は南郊公園と呼ばれていた。面積222万平方㎡以上と広大な敷地面積を誇り、長白山の杉といった針葉樹が植樹されている。敷地の半分近くを占める人造湖では夏季にはボート遊び、冬季には寒さの厳しい東北地方らしく、スケートが楽しめる。同園北側の3号門近くに長春解放紀念碑が設置されているが、ここまで多大な犠牲者を出した長春包囲戦の結果を「解放」の二文字で表現していいものだろうか？　中国各地の抗日博物館では、日本軍による犠牲者の数を明記している。一方、長春解放紀念碑には長春解放で亡くなった革命烈士を讃えたり、紀念碑の形状にまつわる説明が見られたりしたが、長春包囲戦の犠牲者数は述べられていなかった。中国共産党はどれだけの人命が犠牲になっても、ものともしないが、大躍進、文化大革命、天安門事件同様、人民には具体的に知られたくない事柄のようだ。少なくとも、長春解放紀念碑から長春包囲戦の虐殺レベルの惨劇を連想することは不可能だ。園内の遊園地エリアには当然の如く、日米コンテンツのパクリ遊具や人気キャラクターが目撃され、時代の変遷を伝えているかのようだった。

●市内のスポットを見学してから訪問しよう

長春軌道交通1号線の東北師大から徒歩10分以内とアクセスは便利。長春市内には拙作『中国抗日博物館大図鑑』でも紹介した偽満皇宮博物院（じっくり見学すると半日くらいかかる）や、満洲国の遺構も数多く残されている。効率よく市内のスポットを見学し、同園は早朝、もしくは博物館の閉館後に見学すれば十分かと思われる。

東北地方

高さ30.39mの長春解放紀念碑。土台の辺の長さは19.48m、10.18mは長春が1948年10月18日に解放されたことが由来だ。

長春解放紀念碑の題字は彭真が1988年に執筆している。裏側にも膨大な犠牲者については特に述べられていなかった。

裏側は長春市人民政府によって、「長春解放に献身的だった革命烈士を深く悼み、長春建設に貢献した人民に敬意を表す」と書かれている。

同園の人造湖の水辺には、夏季には蓮の花が咲き乱れていた。園内には127種類、14万株以上の樹木が植えられているとのこと。

園内の遊園地区画にて。定番のサメに向かって放水する遊具も稼働していた。さすがに極寒の冬季だと稼働していないと思われる。

筆者訪問時は園内で無人コンビニが営業していたが、現在は廃れたビジネスらしい。既に閉店しているものと推測される。

園内を徘徊していた仔犬。長春包囲戦では、市内の飢えた犬が幼児を襲ってその肉を食い、その犬を市民が食べたケースもあったと言われる。

第2章

『NARUTO -ナルト-』の主人公のうずまきナルト。同作品の忍者は合計5名、同園で目撃。海外での人気を実感させられた。

ピカチュウの周辺にはゼニガメやフシギダネも目撃され、探せば他にもポケモンが見つかるかもしれない。ポケモンゲットだぜ！

シュレックとフィオナ姫もツッコミ所を特に感じなかった。筆者取材時には中国産コンテンツのキャラクターは見当たらなかった。

ナルトの師匠のはたけカカシ（左）の後ろには敵対組織「暁」の飛段が睨んでいる。非常に危険な状態だ（笑）。

『ドラゴンボール』の孫悟空は、寄り目、如意棒、筋斗雲もしっかり再現。同園のアニメキャラ像は総じて製造者の気合を感じる。

遊具の日米キャラクターのパチモノは完成度がバラバラで、かえって微笑ましい。経年劣化は気になるところではあるが。

『カンフー・パンダ』のポーは、本物はもっと顔も体も大きかったような気がする。全体的にもう少し丸みを増加してほしい。

東北地方

爆殺された張作霖と中国共産党から絶賛される張学良

張氏帥府博物館

- 📖 ちょうしすいふはくぶつかん
- 簡 张氏帅府博物馆
- 発 ヂャンシーシュアイフーボーウーグァン
- 📍 遼寧省瀋陽市瀋河区朝阳街少帅府巷46号
- 🚌 沈阳地铁1号线「中街」から118、133路といったバスで「大南门」下車
- 💴 46元 50元（約1,050円）
- 🕐 5月〜10月 08:30〜17:00
  11月〜4月 08:30〜16:30
- ❌ なし
- 🏛 1988年
- 📷 とくになし
- 📕 必須

●張作霖爆殺と満洲事変

満洲の馬賊出身の張作霖は、日露戦争時に日本軍に拘束されたものの命を救われ、日本軍に協力するようになった。清王朝打倒後は、奉天省（現在の遼寧省）の督軍兼省長となり、奉天、吉林、黒竜江の東三省（満洲）を支配する軍閥政権を築きあげる。1927年に北京政府の大元帥に就任後、国民党軍の北伐の阻止に失敗。奉天（現在の瀋陽）に引き上げる途中の1928年6月4日、張作霖爆殺事件が発生。満洲における特殊権益を巡って、関東軍と対立していたことから、関東軍の河本大作らによって、実行された。列車爆破で致命傷を負った張作霖は大帥府に運ばれ、第五夫人の寿懿（じゅ・い）の部屋で亡くなる。享年53。長男の張学良は翌月に東三省保安総司令に就任して、奉天派を束ねることになった。1931年9月18日、関東軍は柳条湖近くの鉄道を爆破して満洲事変につながる。関東軍内部では緊密な連絡・指揮体制を作っていないという組織的な欠陥があった。日本軍は「天皇の軍隊」のはずだが、ごく一部の人間が逸脱行動、独走をする悪しき慣例が続くことになる。張作霖爆殺事件後、張学良は蒋介石率いる国民政府に降伏し、1936年の西安事件で危機的状況だった中国共産党を救ったことから、中国では「千古の功臣」と絶賛されている。

●張家の邸宅と私設銀行を見学できる

張作霖・張学良の官邸兼私邸だった張氏帥府は大帥府、少帥府（大帥は張作霖、少帥は張学良の意）とも呼ばれていた。1914年に建設され、1988年に一般公開されるようになった。張氏帥府博物館の敷地内には張親子が政務を執った三進四合院、大青楼、小青楼、関帝廟、趙一荻故居、辺業銀行（現在の瀋陽金融博物館）が保存されている。館内には歴史的事件の資料や張学良の貴重な遺品が並び、時間には余裕を持って、見学するべきだろう。張学良は西安事件によって、半世紀にわたって軟禁生活を強いられたが、晩年の穏やかな表情の写真には感慨深いものを感じるはずだ。しかしながら、国民党軍とは犬猿の仲で、何度も衝突した新四軍の展示はどうなのかと思ったが……。かつては張家の私設銀行だった瀋陽金融博物館の館内では、当時の様子を等身大人形で再現し、堅牢な金庫、各国の紙幣といった、見応えのある展示が楽しめた。同館入口前の張学良像周辺の広場は、コマ回しや犬の散歩をする瀋陽市民の憩いのスポットになっていた。

●丸一日かけて見学したい瀋陽市内のスポット

同館までは瀋陽地下鉄1号線の中街駅から徒歩でも遠くないが、118、133路といったバスに乗り、大南門で下車すればすぐ目の前にある。同館近くには瀋陽故宮博物院もあり、清王朝初期の皇宮が見学できる。また、瀋陽市内にある九・一八歴史博物館は満洲事変について紹介する有名な抗日博物館だ。

東北地方

入口前の張学良将軍像。生没年が1901.6.3－2001.10.15と100歳を超えている点にも注目するべきだろう。

同館は遼寧省瀋陽市文物保護単位だけでなく、中共中央台湾工作弁公室によって、海峡両岸交流基地にも認定されている。

中国各地で見られる中高年男性のホビーのようで、砲弾のようなコマを鞭で回していた。近くで柴犬の散歩をする年配者も目撃。

三進四合院は中国の伝統建築様式の建物で、張親子はここに住んで政務を執っていた。内部には秘書長室といった、部屋もある。

内賬房は経理を担当する部署で、張氏帥府の帳簿と支出だけでなく、張作霖とその家族の財産の管理も行っていた。

張作霖が1916年から1922年まで使用していた執務室。屋内には寝室、会議室、書斎といった部屋も設置されていた。

張学良と最初の妻の于鳳至、4人の子供の寝室。寒い地方なので、ベッドが床暖房の炕（カン・朝鮮半島ではオンドル）になっていた。

1928年6月4日、張作霖が北京から奉天に戻る際に張作霖爆殺事件が発生した現場の写真。中国では皇姑屯事件と呼ばれる。

1929年2月4日、張学良（右から2番目）が奉天で東北辺防軍司令長官に就任したと宣誓。国民政府の方本仁や張作相、万福麟もいる。

1931年9月18日金曜日に満洲事変が発生。中国側の呼称は九・一八事変で、日本と中華民国の間で武力衝突が発生。

1936年4月9日、延安の天主教堂で張学良（右）と周恩来の秘密会談が行われ、「停止内戦、一致抗日」が決定された。

台湾の井上温泉での幽閉中、張学良と最後の妻の趙一荻は自給自足の生活だった。蒋介石の妻の宋美齢が何かと生活の援助をしていた。

1975年に蒋介石が逝去してから、張学良は自由を回復。1980年に台湾の金門島を訪れ、対岸の中国を望遠鏡で眺める。

ハワイには張学良の4番目の弟の張学森が移住していた縁で、1992年から趙一荻と腰を落ち着ける。撮影日時は未表記だが、穏やかな表情だ。

2001年10月15日、張学良はハワイで逝去。当時、国家主席だった江沢民は張学良について、「偉大な愛国者だった」と絶賛。

東北地方

1922年に建築された大青楼は、地上3階、地下1階、高さ22.45mで、当時は奉天で最も高い建物だった。

大青楼1階の老虎庁は、虎の剥製を設置し、張親子が要人を接待した部屋。1929年、張学良は親日的だった部下の楊宇霆、常蔭槐を処刑した。

撮影日時、場所ともに未表記だが、張学良が早朝に太極拳の鍛錬をする様子の写真。長寿の秘訣の1つなのだろうか？

張学良が家で使っていた体重計。近くに展示されていた本人が使っていた電話の製造会社はPanasonicだった。

晩年の張学良、趙一荻夫婦。2000年6月22日、趙一荻は他界し、張学良は妻の後を追うように翌年、亡くなっている。

館内に展示されていた車椅子。張学良が実際に使っていた車椅子は遺族が西安の張学良将軍公館に寄贈している。

張学良の誕生日に使われた蝋燭。展示されている遺品にはミッキーマウスの帽子もあるそうなので、張学良が好きなキャラクターなのだろうか？

館内の売店にて。中国ではありがちな『三国志』『西遊記』『水滸伝』トランプだけでなく、張作霖・張学良グッズも販売されている。

第2章

張作霖が第五夫人の寿懿のために1918年に建てた小青楼。寿懿は張学森ら4人の息子を出産。張学良と張学森は非常に仲の良い兄弟だった。

張作霖は爆破後、小青楼の一階に運び込まれ、最後に、「（北京にいた）小六子（張学良）を早く戻せ」と話して亡くなった。

張作霖は重大な軍事作戦前になると、関帝廟に参拝して勝利を祈願していた。清代には関帝廟のない村はないくらい、中国全土で信仰された。

敷地内の関帝廟内の関羽像。宗教者でもない歴史上の一人物がこれほど神格化されるのは世界史的に見ても非常にレア。

張作霖の死後、張学良が父親を記念して張作霖の陸海軍大元帥の姿を像にして関帝廟の東側に奉納している。館内唯一の張作霖像かもしれない。

館内の「鉄の新四軍・新四軍抗戦歴史専題展」の展示。新四軍は国民党軍の所属する軍隊ではあっても、同館の主旨とは符合していないと思う。

新四軍各師整編情況図（1941年1月～5月1日）の解説パネル。新四軍が活動していたのは華中地方で、東北地方とは関連がないのだが。

東北地方

かつて趙四小姐楼と呼ばれていた趙一荻故居。1929年から1931年にかけて趙一荻が生活しており、中国と西洋建築が融合した建物だ。

趙一荻故居の一階の琴房とはピアノルームのことで、同じフロアには食堂やダンスホール、クローゼットも設置されている。

趙一荻故居の二階の書斎兼応接室。全体的に西洋風にまとまっている部屋だが、天井は中国伝統の装飾が施されている。

趙一荻故居の二階の寝室。かなり豪華なダブルベッドで、同じフロアにはベビーシッター用の部屋も備えられていた。

スキンヘッドで口髭のあるおじさんは、張作霖のコスプレということなのだろうか？　左胸には青天白日旗のバッジがついていたのだが。

瀋陽金融博物館の館内。張学良は西安でも銀行を運営していたが、西安事件の際に同志の楊虎城の西北軍が銀行強盗をしていた。

かつての辺業銀行の様子を等身大人形で再現。この二人は成金の社長と愛人のように見える。周辺には優秀そうな行員や軍人の人形も見られた。

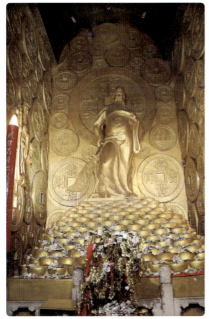

辺業銀行財運庁には金色の関羽像が設置されていた。関羽は商売の神様という側面もあり、日本のビルの屋上に神社があるケースと似ている。

地下金庫の重厚な金庫扉。内部に閉じ込められた行員の脱出や金庫扉の故障を想定して、「マンホール扉」も完備。

世界紙幣展では各国の紙幣の両面が見えるように展示。我が国の紙幣は一万円札、五千円札、千円札だけでなく、存在感が希薄な二千円札も展示。

世界証券交易展示庁にて。共産主義国の中国で株の取引きが行われている事実を不思議に思うのは、筆者だけだろうか？

東北地方

日本とロシアの租借地だった国際的な港街の歴史を展示

大連博物館

- 読 だいれんはくぶつかん
- 簡 大连博物馆
- 発 ダーリィエンボーウーグァン
- 📍 辽宁省大连市沙河口区会展路 10 号
- 🚌 大连地铁 1 号线「会展中心」下车
- 💴 無料
- 🕘 09:00 〜 16:30
- ❌ 月曜日
- 🏛 2002 年
- 🌐 http://www.dlmodernmuseum.com
- 📖 とくになし

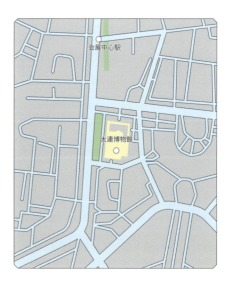

●満洲国には所属していなかった大連

現在の大連を含む遼東半島南端は関東州と呼ばれ、帝政ロシアは 19 世紀末に同地を租借。日露戦争後に租借権は帝政ロシアから日本に移譲され、関東州は期限付きで日本の領土になった。1932 年に満洲国成立後も関東州は満洲国に所属せず、日本の租借地として政治・経済・文化活動が展開された。戦前は関東州と満洲国との間には国境線があり、出入りする際には税関手続きも必要だった。関東州は経済も特殊性があり、日露戦争直後は日本の軍票、ロシアや中国の通貨といった、各国の通貨が混流。1936 年に満洲中央銀行券が流通することになり、満洲国解体後も信用力は戦後発行されたソ連軍の軍票、中国共産党発行の東北幣、国民党発行の九省券よりも強力だった。1945 年のヤルタ会談では、ソ連の対日参戦の代償として満鉄の接収、旅順・大連の港湾の優先使用権や租借権を要求したが、その後に国民党政権の蒋介石が激怒して、実現はされなかった。しかし、ソ連による満洲占領中は「戦利品」として工場施設が搬出され、大連でも大型機械や資材が撤去された。在満日本人は国民党政権が掌握していた葫蘆島から 1946 年 5 月から引き揚げが始まり、ソ連が占領していた大連からの引き揚げが開始されたのは 1946 年 12 月からだった。

●近代と現代の大連の発展を述べる博物館

大連博物館は 2002 年に開館、「全国科普教育基地」「遼寧省愛国主義教育基地」「大連市党員思想教育基地」といった肩書がある。同館 1 階の「円夢・北洋鉄甲から航母（航空母艦）艦隊」展では、清王朝の北洋艦隊から中国海軍の発展を紹介し、中華民族が追求する（ことになっている）「強国の夢」を正当化している。2 階の「近代大連」展では 1840 年から 1949 年の大連の歴史を紹介。日本の統治下では住民がどのような屈辱的な生活をしていたのかを訴え、そのような状況から解放した中国共産党の功績をアピールしている。筆者取材時には 3 階に「記憶大連」展があり、解放後の衣、食、住、行動、文化娯楽、大連市の発展状況を展示していたとのこと。残念ながら閉館時間となり見学できなかったのだが、大躍進や文化大革命の際の大連の状況も紹介していたのだろうか？　個人的には大連市長として辣腕を振るっていた薄熙来（2012 年に重慶市党委書記を務めていた際、汚職・スキャンダルで失脚）の実績の展示も気になる。同館の旧施設名は大連現代博物館だったので、大連の現代史の説明も期待したいところだ。大連は日本との結びつきが強い都市ということもあり、同館 HP の科研・学術活動の項目には、コロナ禍前の伊万里市や舞鶴市の代表団の来報も記されていた。

●地下鉄とレトロな路面電車が走る大連

同館までのアクセスは大連地下鉄 1 号線会展中心駅で、下車すればすぐ近くにある。市内には戦前から運行され、今でも現役の路面電車も走っているので、機会があれば乗車してみよう。

東北地方

筆者が取材した2018年8月の時点での施設名は大連現代博物館だったが、同年11月に大連博物館に改名している。

入口前には1974年に製造された上遊(SY)蒸気機関車と神戸製鋼所の大型往復圧縮機(ソ連に接収されたが、後に中国へ返還)が設置。

「円夢・北洋鉄甲から航母艦隊」展は拙作『中国抗日博物館大図鑑』で紹介した武漢市の中山艦博物館も協力している。

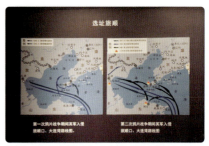

「円夢」展では冒頭でアヘン戦争(1840年)とアロー戦争(1856年)の英軍・英仏軍の旅順・大連への侵入経路を紹介。

李鴻章によって、旅順口に設置された北洋艦隊(北洋水師)の海軍公所の門を再現。北洋艦隊の予算不足の原因は西太后の浪費といわれている。

北洋艦隊旗艦の定遠の模型。日清戦争の黄海海戦(1894年)において、定遠は沈没、同型艦の鎮遠は鹵獲される。

日清戦争における、旅順口を巡る戦いの写真。日本軍は装備が優れていたと表記。右下の写真は旅順海軍公所の前で記念撮影をする日本軍。

1923年8月14日、孫文が陳炯明反乱平定一周年を記念して、永豊艦（後の中山艦）の水兵達との集合写真。

1938年に武漢攻略中の日本軍によって長江で撃沈された中山艦。1997年に引き上げられ、武漢郊外の中山艦博物館に展示されている。

1949年8月28日、毛沢東は中南海で人民解放軍の海軍創設メンバーと接見。中には国民党陣営の海軍幹部だった人物も複数所属。

1955年1月18日、人民解放軍の陸、海、空三軍協同作戦によって、一江山島を攻撃、浙江省沿岸の国民党軍を全て粛清した。

旅順口にある大連遼南船場は1883年に建造された北洋艦隊のドックで、現在は新型護衛艦といった海軍艦艇が建造されている。

航空母艦「遼寧」の模型。もともとはソ連の航空母艦「ヴァリャーグ」だったが、大連で改修、2012年に就役。

中国人民解放軍海軍の艦艇を年代ごとに紹介。中国共産党の失政とは異なり、軍事の発展については雄弁に物語るのが実に中国らしい。

小学校低学年の児童が描いた「航空母艦」というタイトルのイラスト。幼少から行われる中国の軍事教育は、日本の左翼も批判するべきでは？

東北地方

同館2階の「近代大連」展入口。近くの年表では1840年のアヘン戦争から1949年10月1日の中華人民共和国成立まで述べられていた。

アヘン戦争後は清王朝の指導者にも海防の重要さが理解されていたと解説。「円夢」展と一部、内容が被っているのだが……。

日清戦争の際、北洋艦隊の軍艦に搭載されていたホッチキスQF3ポンド砲。当時は世界各国でも使われていた速射砲だ。

日清戦争中の日本軍による旅順虐殺事件のジオラマでの解説。中国側は旅順の一般市民2万人が殺害されたと主張している。

1898年3月、帝政ロシアは旅順・大連の租借権を獲得。写真は1899年に開発されるダルニー（大連）港だ。

日露戦争と日本の大連統治。莫大な量の資源が収奪されたと表記。日本統治下では大連の中国人の人口は増加していたが、特に説明なし。

日本の神社の太鼓で、1909年に大連神社が建立された。館内では神社は日本の皇道精神を広め、愚民奴隷教育の場所と解説。

労工が大連港で大豆の袋（約150kg）を積み込んでいる。一時期、関東州では大豆加工の油房業が盛んだったが、衰退した。

第2章

大連は移民都市だったこともあり、中国と西洋の文化が交流している。写真は愛犬を抱えたマダムが自転車タクシーで移動する光景。

浪速町（現在の天津街一帯）のジオラマ。大連で最も栄えた繁華街で、百貨店やカメラ、時計、楽器、化粧品を販売する店舗が林立していた。

大連抗日放火団のレリーフ。この秘密組織は1930年代にソ連紅軍参謀部が指導し、大連の労働者を主体としていた。

大連抗日放火団は日本軍の戦略物資を目標とし、日本の軍用機や満洲石油株式会社に放火。刑死したメンバーもいる。

「ソ連紅軍進入大連」というタイトルの油彩画。東北地方のこの手の博物館では、ソ連軍の活躍を讃えることが多いようだ。

中共大連市委、市政府成立後、日本の侵略文化、国民党反動宣伝を駆逐してから大連の文化教育事業は飛躍的に発展したと述べられていた。

「近代大連」の展示は唐突に現在の大連の街並みの写真で締めくくられていた。同館は大躍進や文化大革命をどのように紹介しているのだろうか？

かつての大連現代博物館の解説。ロシア、アメリカ、日本、ドイツ、フランスといった国の芸術品を展覧していたとのこと。

東北地方

当局へ忖度しながらも文化大革命を批判する炭鉱博物館

撫順煤鉱博物館

- 読 ぶじゅんばいこうはくぶつかん
- 簡 抚顺煤矿博物馆
- 発 フーシュンメイクァンボーウーグァン
- 辽宁省抚顺市望花区古城子街1路1号
- 抚顺北站からタクシーで向かうのが無難
- 30元（約630円）
- 08:30 〜 15:00
- 月曜日
- 2011年
- とくになし
- とくになし

●巨大な露天掘り炭鉱の光と影

撫順の炭鉱は 20 世紀初頭に中国人の手によって採掘され、ロシアの極東森林会社の手に渡った。日露戦争の後、日本が炭鉱の採掘権を入手し、満鉄創業と同時に満鉄へ移譲される。満洲国が建国された 1932 年 9 月 16 日に抗日義勇軍への報復と見せしめのため、関東軍の守備隊と憲兵隊が撫順の平頂山周辺の住民を殺害。平頂山事件の犠牲者数は中国側の発表では 3 千人以上、生存者は 54 名とされる。それでも撫順は鉱業都市として発展し、同年末には炭鉱の従業員は 3 万人以上、街の人口は 6 万人以上までふくれあがった。撫順の露天掘り炭鉱は現在、東西約 7 km、南北約 2 km、深さ 400 m にも達し、かつては全満洲のエネルギーをまかなっていた。撫順平頂山惨案紀念館の資料によると、満鉄時代の石炭の産出量は約 2 億 t、鉱山の事故で炭鉱労働者は 10 万人以上が負傷、1 万人に近い死者が発生。撫順煤鉱博物館の資料には 1997 年に重大なガス爆発事故が起こり、69 名の死者が出たと述べられていた。さすがに撫順の鉱山は枯渇しつつあり、現在は石油化学を中心とした総合工業都市へとシフトしている。

●チベット仏教の指導者も訪問

撫順の露天掘り炭鉱を展望できる撫順西露天参観台には、1952 年に彭徳懐が訪問。その後は毛沢東といった中国共産党の指導者だけでなく、チベット仏教のダライ・ラマ 14 世とパンチェン・ラマ 10 世が 1955 年に訪問している。2011 年に撫順西露天参観台は大幅な改修工事が行われ、撫順煤鉱博物館としてリニューアルオープン。同館前の広場には毛沢東の座像が設置され、周囲には炭鉱採掘用の巨大な重機が展示されている。館内の冒頭は石炭が産出する地層の説明として、古代の植物やマンモスといった哺乳類のオブジェが展示されていた。撫順の炭鉱を最初に採掘した王承堯（おう・しょうぎょう）の紹介の後はロシアや満鉄に採掘権が移譲された経緯を解説。平頂山事件について述べているのは当然としても、文化大革命について「鉱区の秩序が厳重に破壊された」と批判していたのは意外だった！　但し、文革批判の解説文は、当局への忖度なのか非常に読みにくい状態だったのだが……。いろんな意味で大丈夫なのか？　エレベーターで同館 10 階の展望台に上ると、巨大な露天掘りの炭鉱を眺めることができる。しかし、展望台のガラスの反射光のおかげで写真の仕上がりはあまり良いものではない。

●意外と観光スポットが多い撫順市内

撫順市内には平頂山事件について紹介する撫順平頂山惨案紀念館や戦後に愛新覚羅溥儀らが収容された撫順戦犯管理所旧址陳列館、毛沢東が模範兵士だと絶賛した雷鋒の紀念館がある。撫順煤鉱博物館への公共交通機関での訪問は困難に思われ、撫順北駅からタクシーをチャーターして上記の施設と一緒に訪問するのがベター。同館の閉館時間が 15 時になっている点にも注意しておきたい。

東北地方

撫順煤鉱博物館の題字は政治家の喬石（きょう・せき）が行っている。建物は1階から3階までの博物館と10階の展望台で構成されている。

毛沢東の撫順視察50周年を記念した毛沢東の座像。像高3m、基礎部分の直径19.58mは、毛沢東が訪問した1958年を意味する。

炭鉱採掘用の重機が並ぶ。一般人は見学する機会が限られているので、その巨大さには驚くばかりだ。展望台からも眺められる。

西露天参観台の重要人物の訪問時期が述べられている。1952年4月には彭徳懐、同年9月に朱徳、1953年10月に陳毅、賀竜らが訪問。1955年9月に全国人民代表常務委員会副委員長のダライ・ラマ14世と中国人民政治協商会議全国委員会副主席のパンチェン・ラマ10世が訪問。非常に珍しい事例だ。

館内1階は、石炭の原料となる古代の植物、マンモスやサーベルタイガーといった哺乳類のオブジェが展示されていた。

昔の鍛冶師が石炭を使用して武器を製造する過程を表現している。鍛冶の作業は日本でも中国でも、多大な体力が必要とされる。

撫順の炭鉱は1901年に民族資本家の王承堯が最初に採掘したとされる。館内には王承堯のマネキンと生い立ちが紹介されていた。

昔の炭鉱では石炭の採掘もトロッコの運搬も人力で行われ、工作機械が発達した現在と比較すると命がけのハードワークだ。

1902年、ロシア人のルビノフらが撫順の石炭採掘権を取得し、翌年、ロシアの極東森林会社に移譲。珍しくロシアに対しての批判も見られた。

写真左右は1903年の撫順のロシア軍と、労働者の様子。左は日露戦争中の1904年に日本軍が撫順に進入した際の様子。

凄惨な平頂山事件の現場の白骨を再現。事件の詳細は拙作『中国抗日博物館大図鑑』の撫順平頂山惨案紀念館の項目をご覧いただきたい。

日本軍の軍刀、銃剣、拳銃、水筒、食器、軍服といった装備が並べてある。抗日博物館ではおなじみの展示内容だ。

東北地方

1945年10月に中国共産党によって、撫順市政府が成立。翌年、国民党軍に占拠され、1948年10月31日に解放される。

撫順炭鉱は1956年に石炭の年間採掘量が1千万tになり、全国総生産量の1/11に達する。撫順は「煤都」と呼ばれるようになる。

1958年2月13日、毛沢東が撫順に視察した際に使用したソファーと観賞した彫刻作品といったものが展示されていた。

「文革」時期の撫順鉱区とあるが、肝心の写真や解説文が像の後ろに隠れて読みにくい。この手の施設で文革批判はかなりレアなのだが……。

1966年10月、紅衛兵が撫順鉱区に駐留し、鉱区の指導部と衝突、秩序を厳重に破壊。同館の館長は紅衛兵に恨みでもあったのか？

1966年11月30日、周恩来は北京工人体育館で各地の労働者と接見。撫順炭鉱の労働者に対し、文革中でも採掘を続行するよう指示を出す。

1995～98年は撫順鉱区の経済困難の時期で、大量の労働者をリストラ。1997年5月28日には鉱区のガス爆発事故で69名が死亡。

10階の展望台の様子。ガラスへの反射光や天候によって、露天掘り炭鉱の全体がはっきり把握できないので、屋外で撮影したいところだ。

にわかには信じられないが、眼下には多くの労働者が100年以上かけて掘り続けた光景が広がる。手前の樹が邪魔なので、どうにかしてほしい。

展望台から眺めると玩具のように見えるが、巨大なダンプや重機が稼働しているのがわかる。石炭を運ぶ貨物列車も走行していた。

10階のエレベーターの脇に展示されている写真。ここまでくると、鉱山ではなくてグランドキャニオンの景観を連想させる。

撫順市のジオラマ。写真中心部の細長いすり鉢状の穴が露天掘り炭鉱の西露天鉱だ。オイルシェールや琥珀も産出され、同館から少し離れた場所には撫順煤精琥珀博物館も営業している。撫順の観光は、西露天鉱をぐるりと回るルートで移動するのがおすすめ。瀋陽を早朝出発すれば、日帰り観光も可能だ。

東北地方

★ 中国共産党的娯楽作品

連環画

漫画『三毛』シリーズ

『黄河絶恋』(VCD)(1999年)

『建国大業』(DVD)(2009年)

　本書の読者なら、訪中の際には中国共産党が推す娯楽作品の入手にもトライしていただきたい。連環画は20世紀初頭に発行され、大きさは掌サイズ、1ページに1コマの絵が描かれ、情景の解説文がセットになっていることが多い。筆者が所持している『狼牙山五壮士』『地道戦』『抗日英雄楊靖宇』は抗日が主題になっており、70年代後半～80年代前半に出版されている。中国の漫画を語るうえでは、張楽平の『三毛』シリーズは避けて通れないだろう。毛が3本の少年・三毛が主人公で、『三毛従軍記』(1946年)では18歳以下でありながら従軍(国民党軍と思われる)し、日本軍と戦うが、全体的にギャグテイストだ。シリーズ中、『三毛流浪記』(1947年～1949年)は出色で、抗日戦争で孤児になった三毛の過酷な流浪生活がブラックユーモアたっぷりに描かれ、絵だけでストーリーが進行している。おそらく中国の大都市の書店なら購入可能なはずだ。抗日映画の『黄河絶恋』は、米軍の戦闘機が長城付近に不時着し、八路軍の部隊がパイロットのオーウェンを救出。日本軍に襲撃される中、オーウェンは護送される途中に八路軍女戦士の安洁と親密になってゆくが、タイトルどおり悲恋に終わる。筆者はこの作品のVCD(ビデオCD)を所持しており、ディスク2枚組になっている。中華人民共和国成立60周年の2009年に上映された『建国大業』は1945年の重慶会談から1949年の中華人民共和国の建国まで描かれている。主演は数々の作品で毛沢東を演じた唐国強、1分も登場しない端役をジャッキー・チェンやジェット・リーが演じている。主役級のスターが結集しすぎで、中国映画に詳しいとかえって内容が頭に入らないかも？

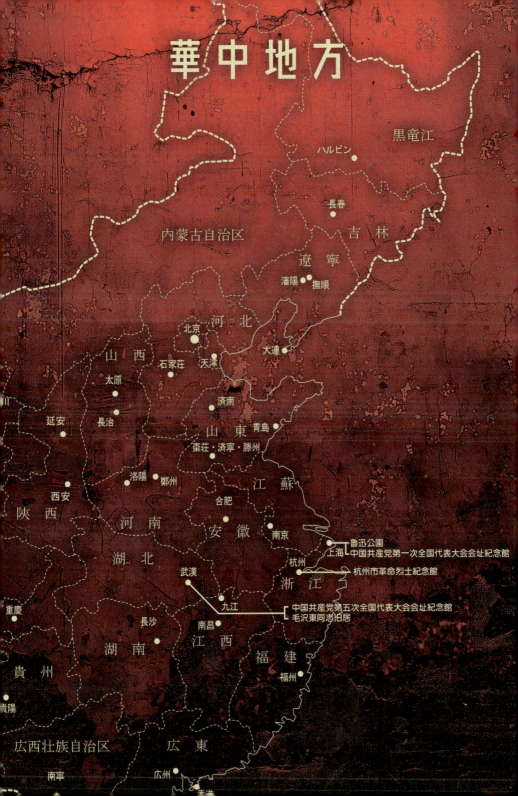

20世紀を代表する中国現代小説家、魯迅ゆかりの地

魯迅公園

- 読　ろじんこうえん
- 簡　鲁迅公园
- 発　ルーシュンゴンユェン
- 📍　上海市虹口区四川北路 2288 号
- 🚌　上海軌道交通 3、8 号线「虹口足球场站」下車
- 💰　無料
- 🕐　05:00 ～ 21:00（上海魯迅紀念館は 09:00 ～ 17:00）
- ❌　月曜日には上海魯迅紀念館は休館しているが、入園は可能
- 🏛　1896 年
- 🌐　https://www.luxunmuseum.cn/
- 📖　とくになし

第 3 章　　　082

●中国人に多大な影響を与えた文豪

魯迅（本名は周樹人）は1881年に浙江省紹興市で生まれ、1902年から7年間、日本に留学。魯迅は仙台で医学を学んでいたが、途中から文学に打ちこみ、小説家になることを志した。医学で患者を治療するよりも、文学で多数の精神を改革することの方が重要だと感じたからだ。帰国後、魯迅は南京政府の教育部の役人になったり、大学で教鞭をとったりしていた。魯迅が北京在住中に執筆した、当時の中国社会を痛烈に批判した『狂人日記』『阿Q正伝』は代表作と言えるだろう。晩年の魯迅は上海で生活し、大勢の共産党員の友人ができたものの、彼らの多くは国民党政府に虐殺されたことから、共産党狩りを激しく批判。危険分子として国民党や日本軍にも追われるが、内山書店の内山完造といった友人の助力もあり、逮捕されることはなかった。1936年、心臓性喘息の発作で永眠。享年55。魯迅の社会的影響力も大きかったことから、「国民葬」並みの葬儀になり、意外にも国民党政府と中国共産党から弔電が届いている。魯迅の作品は毛沢東からも絶賛され、江沢民は1998年の訪日の際、魯迅の留学先の仙台に2日間、滞在。日本でも魯迅の短編小説『故郷』は中学校の国語教科書に掲載されている。

●園内にある魯迅の墓と紀念館

戦前の虹口公園（現在の魯迅公園）周辺は日本人が多く居住しており、1932年には日本人の要人が殺傷された上海天長節爆弾事件も発生している。魯迅の遺体は1956年、万国公墓から虹口公園に移され、墓碑には毛沢東によって、「魯迅先生之墓」と揮毫されている。園内には魯迅像や中日友好鐘座（時計）があり、園内各所には桜が植樹されている。南門側には小規模ながら遊園地の遊具も稼働、アメリカのネズミキャラも確認された。必見の上海魯迅紀念館は海外の小説家の銅像を並べた世界文豪広場のすぐ近くにある。同館は周恩来によって題字が書かれ、館内には魯迅の小説作品を再現したミニチュアや本人の生活用品、魯迅逝去当日に作られたデスマスク（複製品）も見られる。魯迅の日本留学中の資料の展示だけでなく、内山書店の入口も再現され、共産党聖地の中でも日本との関わりが好意的に紹介されているのが印象的だった。蒋介石や周恩来といった、当時の中国のインテリ層の多くが日本と深く関わっていたことを実感させられる。

●サッカースタジアムもある好立地

最寄り駅の虹口足球場駅の足球場とはサッカースタジアムであり、上海軌道交通3号線と8号線が交差する非常にアクセスが便利な好立地となっている。同園は上海市内でも有数の広大な公園で、じっくり園内を見学するなら時間の余裕を確保した方が無難だろう。

華中地方

落ち着いた雰囲気の公園内にある魯迅像。裏側に魯迅墓があり、全国重点文物保護単位に認定されている。

園内ガイドマップによると、広大な敷地内の3ヵ所に桜並木が設置されている。春には上海市民の目を楽しませてくれることだろう。

同園の南門側にはアメリカのネズミキャラを彷彿とさせる遊具や回転ブランコのイラストが見られた。数はそれほど多くない。

毛沢東の揮毫による「魯迅先生之墓」。1956年10月、魯迅逝去20周年の際に万国公墓から同園に移された。

中日友好鐘座（時計）には「中日青年世代友好」と王震が揮毫。政治家で軍人でもあった王震は、中日友好協会名誉会長として訪日している。

西洋の小説家の銅像が並ぶ世界文豪広場。魯迅は芥川龍之介の『鼻』の中国語訳も手掛けていたが、日本人文豪の像はなかった。

第3章

上海魯迅紀念館の入口。「魯迅紀念館」の題字は周恩来が行っている。北京には「北京魯迅博物館」があり、類似しているので現在の同館の館名には「上海」の地名が入っている。仙台で魯迅を指導し、『藤野先生』のモデルになった藤野厳九郎が魯迅に送った写真は北京魯迅博物館に保管されている

魯迅の代表作『阿Q正伝』をミニチュアで再現。作中の阿Qの6つのシーンによって、魯迅の思想を表現している。

魯迅が医学を勉強していた仙台医学専門学校（現東北大学医学部）の講堂。江沢民も訪日の際に訪問している。

日本人がロシア軍のスパイとして、中国人を処刑するシーン。周辺の同胞ののんきな表情が魯迅に屈辱感を与え、医学から文学へ転身。

魯迅は留学中、中国人の精神を変える重要性を実感。1906年、魯迅が仙台を離れる際の同級生との記念撮影。左から一番目が魯迅だ。

華中地方

魯迅は北京女子師範大学で教鞭をとっていた際、1924〜1925年にかけての学園紛争では一貫して学生を擁護していた。

1931年に出版された2種類の『阿Q正伝』の日本語版。写真左が松浦珪三訳、右が山上正義訳となっている。

魯迅（左）、日本改造社 社長の山本実彦（中）、内山完造（右）。1936年、山本は中国現代小説を日本に紹介しようとし、魯迅も賛同。

館内では内山書店の入口を再現している。同書店は現在も東京の神保町で営業を続け、中国・アジア関連の書籍を販売している。

魯迅は晩年、親子くらい年の離れた許広平を実質的に2番目の妻として上海で生活し、子息の海嬰が生まれる。

上海の内山書店の内山完造・美喜子夫妻が魯迅に敬意を込めて送った写真で、同館へは許広平と周海嬰が寄贈している。

魯迅の看病の際に使った吸入器と、魯迅が最後に使ったティーカップ。こちらも許広平と周海嬰が寄贈している。

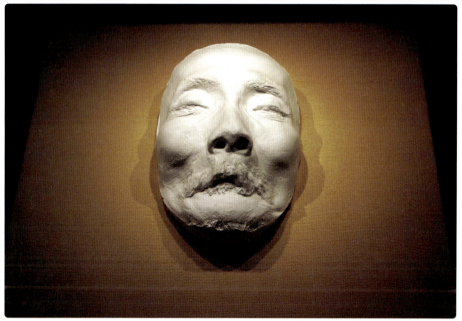

魯迅の逝去当日、内山は日本からたまたま遊びに来ていた平塚雷鳥の夫の画家の奥村博史に魯迅の遺影用のスケッチを頼み、石膏でデスマスクを取った。展示しているのは複製品だが、本人のヒゲや眉毛も残っていたとのこと。その日のうちに、現地の新聞各紙が夕刊の一面トップで魯迅の死を報道。

魯迅が亡くなってから2日間で約1万人の上海市民が弔問に訪れた。魯迅の棺に覆われた白い布には「民族魂」と大書されていた。

毛沢東の「魯迅先生之墓」の揮毫と周恩来の「魯迅紀念館」の題字。両者の性格の違いも書体に表れており、興味深い。

魯迅関連の書籍が壁にずらりと並ぶ。魯迅は生前、国民党の共産党狩りを激しく批判していたが、現在の中国共産党政権をどう思うのだろうか？

華中地方

中国共産党の結成と、波乱万丈な運命の創設メンバー

中国共産党第一次全国代表大会会址紀念館

読 ちゅうごくきょうさんとうだいいちじ
　　ぜんこくだいひょうたいかいかいしきねんかん
簡 中国共产党第一次全国代表大会会址纪念馆
発 ヂョングゥオゴンチャンダンディイーツー
　　チュエングゥオダイビャオダーフイ
　　フイヂーヂーニェングァン

📍 上海市黄浦区黄陂南路 374 号
🚌 上海軌道交通 1 号线「一大会址・黄陂南路」もしくは上海軌道交通 10、13 号线「一大会址・新天地」下車、徒歩 10 分前後
💴 無料
🕘 09:00 〜 17:00
❌ 月曜日
🏛 1952 年
🌐 https://www.zgyd1921.com/
📖 必須

第 3 章

●上海で開催された中国共産党初の全国大会

初期の中国共産党の指導者といえば、啓蒙雑誌『新青年』を出版していた陳独秀だろう。ロシア革命の影響もあり、陳独秀は中国でも社会主義運動をするべきだと主張し、北洋軍閥ににらまれて北京から上海に拠点を移す。北京大学教員の李大釗（り・たいしょう）らが陳独秀を助け、ソ連やコミンテルンの働きかけによって、中国共産党が結成される。1921年7月23日、上海で中国共産党第一次全国代表大会（以下、第一回党大会、大会と略記）が開催。李達、李漢俊、董必武、毛沢東、張国燾（ちょう・こくとう）といった中国人党員13名、コミンテルンからマーリン、ニコルスキーが参加したとされる。記念すべき大会の資料は少なく、議事録も残っておらず、参加者の回想録などが主な資料になっている。大会期間中に不審人物（内偵）の監視もあり、参加者は急きょ、会場を浙江省嘉興の南湖の屋形船に変更、最終会議を行う。結果、共産党中央局の書記に陳独秀（大会には不参加）が選出され、宣伝部長に李達、組織部長には張国燾が決定した。中国共産党の綱領と決議も採択され、「プロレタリア独裁」が基本方針となり、その他の政党には攻撃的な態度だった。結成当初の中国共産党は数十人の党員のみのちっぽけな非合法組織だったが、崇高な理想を掲げていた。第一回党大会に参加した中国人党員13名のうち、半数以上は中国建国前に殺害、獄死などで他界している。建国式典で天安門の楼上にのぼったのは、毛沢東と董必武のふたりだけだ。創設メンバーでも離党した者も多かった。

●当時の高級住宅だった大会会址

第一回党大会の会場は1920年に建設された李漢俊と彼の兄の李書城（広東政府の高級武官）の高級住宅だった。1952年に修復され、中国共産党第一次全国代表大会会址紀念館として対外開放される。同館は1961年に国務院から全国重点文物保護単位として公布されている。館内には第一回党大会に参加した15名のレリーフが展示され、中国共産党結成初期の歴史について重点的に解説されている。抗日戦争で散華した愛国烈士の写真の展示はお約束だが、他の共産党聖地ではあまり見かけない陳独秀と李大釗の像が展示されているのは特筆事項だろう。記念品店のグッズも充実し、筆者訪問時には鄧小平故居陳列館による特別展示も行われていた。第一回党大会の会場となった部屋は保存されて見学も可能だが、大会そのものの資料は非常に少ないと感じた。

●繁華街の中の中国共産党の結成の地

上海軌道交通1号線の一大会址・黄陂南路駅、もしくは10、13号線の一大会址・新天地駅から徒歩10分前後で到着する。2019年の時点では、両駅の駅名は「黄陂南路」「新天地」だった。周辺は上海でも有数の繁華街で、同館近くには拙作『中国抗日博物館大図鑑』で紹介した上海大韓民国臨時政府旧址もある。

華中地方

「中国共産党第一次全国代表大会会址紀念館」とやたらと文字数が多い館名の題字は鄧小平が揮毫しているとのこと。

同館は全国重点文物保護単位だけでなく、国家一級博物館、全国愛国主義教育示範基地、上海市文物保護単位といった称号がある。

「中国共産党創建歴史陳列」と書かれており、館内では中国共産党が結成に至った歴史的流れを詳しく解説している。

第一回党大会に参加した人物として、左から周佛海、李達、陳公博、李漢俊、マーリン、陳潭秋、ニコルスキー、董必武、毛沢東、何叔衡、張国燾、王尽美、劉仁静、鄧恩銘、包恵僧がレリーフに描かれている。それぞれ日本、上海、北京、広東、武漢、長沙、済南の中国共産党代表として出席していた。

第3章

1840年6月のアヘン戦争の解説。中国への諸外国からの侵略の歴史を述べることによって、現在の中国共産党の偉大さを強調している。

1894年7月、日清戦争勃発。戦後の下関条約によって、中国の民族の危機と半植民地化が加速したと解説。写真は黄海海戦のもの。

孫文は館内で「中国民主革命の先駆者」「資産階級革命の主要リーダー」と述べられ、現在の中国でも好意的に評価されている。

五四運動とマルクス主義の中国への伝播。陳独秀は五四運動と中国共産党結成の主要メンバーである点が紹介されている。

陳望道は1915年に日本留学し、マルクス主義に触れ、1920年8月に上海で中国語版『共産党宣言』を出版。陳独秀、李漢俊が校正を担当。

陳独秀(右)と李大釗の像。陳独秀は中国共産党を除名されているのだが、現在は一定の評価をされているようだ。

中国共産党の早期組織の建立。陳独秀は上海で雑誌『新青年』を出版、労働者にマルクス主義を宣伝していた。

李大釗が使用していた「CORONA」社の英字タイプライター。李大釗は北京大学の教授で、中国における社会主義研究の第一人者になった。

華中地方

第一回党大会に参加した人物の解説。毛沢東は長沙の代表として創設メンバーになり、当時は小学校の校長だったと述べられていた。

東京私立日本大学に留学経歴のある董必武。彼の当時の職業は中学校の校長で、創設メンバーには複数の教員も存在していた。

中国共産党の創立メンバーの姓名、大会当時の年齢、職業、学歴、代表の地域のリスト。このうち4名が日本への留学経歴あり。

「本党定名為中国共産党」というタイトルの彫像。この大会では毛沢東はあまり存在感がなかったそうだが、中心人物のような扱いだ。

大会の最終日に共産党中央局の書記に陳独秀、宣伝部長に李達、組織部長には張国燾が選ばれた。その後、陳独秀は四川省で1942年に不遇な生涯を終える。李達は中国共産党を離党→再入党するも、文化大革命で迫害死。張国燾は毛沢東と対立し離党、カナダに亡命。創立メンバーとはいえど、過酷な運命をたどる。

中国共産党創設メンバーだけでなく、有名な愛国烈士の写真もずらりと展示されている。中国建国前に亡くなった人物が多い。

天井もモニターになっており、習近平新時代中国特色社会主義思想も登場する映像を多くの来館者が鑑賞していた。

記念品店では、定番の毛沢東、周恩来のポスターや習近平の書籍も販売。古典の『水滸伝』『紅楼夢』も売られていたが、需要はあるのだろうか？

店内では、マルクス、エンゲルス、レーニン、スターリン、毛沢東がセットになった記念メダルを販売。単体でも購入できる模様。

「中国共産党第一次全国代表大会会址」は「中共一大会址」、館名は公式 HP でも「中共一大紀念館」と略記されていたりする。

実際に会議が行われた部屋。内装は当時の様子を復元したものだが、創設メンバー 15 人が座るには少々狭い机のようだ。

館内の特別展では鄧小平の改革開放 40 周年展が開催されていた。後述の鄧小平故里にある鄧小平故居陳列館も協力している。

館内の鄧小平特別展の様子。正直、第一回党大会そのものの資料よりも展示内容が充実しているといった印象だ。

華中地方

地元の共産主義戦士を称賛、大躍進と文化大革命は批判

杭州市革命烈士紀念館

- 読 こうしゅうしかくめいれっしきねんかん
- 簡 杭州市革命烈士纪念馆
- 発 ハンヂョウシーグァミンリェシー
    ジーニェングァン
- 📍 浙江省杭州市西湖区西湖街道之江路2号
- 🚌 「武林广场」から318路のバスで「六和塔」
    下車
- 💰 無料
- 🕘 09:00～11:30、13:30～16:00
- ❌ 火曜日
- 🏛 1968年
- 📷 とくになし
- 📖 必須

第3章

● 10代で殉職した蔡永祥を称賛

雷鋒といえば中国人なら誰でも知っている模範兵士で、出身地の長沙や1962年に22歳で殉職した撫順には紀念館もある。安徽省の貧農家庭出身の蔡永祥は1966年2月に人民解放軍に入隊し、浙江省の銭塘江大橋の歩哨を担当していた。同年10月10日午前2時34分、南昌発の764次の列車が橋を通過する際、前照灯が線路上に大きな丸太を照らし、蔡永祥は無我夢中で撤去作業を行う。運行していた列車はからくも脱線を免れ、乗客も銭塘江大橋も無事だったが、蔡永祥は殉職。生年は1948年だが誕生日は不明で、17歳か18歳に亡くなったとのこと。ちなみに線路に丸太を放置した犯人は、いまでも謎のままだ。文化大革命の時期は殉職した兵士を絶賛し、プロパガンダに利用するケースが多かった。蔡永祥の場合は南京軍区から一等功が授与され、人民日報の社説でも「蔡永祥について学習しよう」と絶賛される。1967年、故郷の安徽省肥東県に蔡永祥紀念館が、1968年には杭州市に蔡永祥烈士事跡陳列館が開館されている。

● 中途半端だが大躍進と文化大革命を批判

蔡永祥烈士事跡陳列館は1983年に杭州市革命烈士紀念館という館名も追加される（本書では便宜上、杭州市革命烈士紀念館と表記）。1995年に浙江省愛国主義教育基地に認定、2009年に拡張工事が行われる。入口前には丸太の撤去作業をする蔡永祥の彫像が設置され、地元の武装警察が儀式を行うこともある。展望台から銭塘江大橋を眺めることも可能で、館内では杭州での革命運動についての展示を見学することになる。杭州での五・四運動、国民党による白色テロとの闘争、抗日戦争や国共内戦のエピソードも紹介されている。革命烈士の蔡永祥が撤去した丸太や軍服といった展示も当然だろう。しかし筆者が館内で最も驚いたのは、大躍進と人民公社は失敗、文化大革命については「政治と経済が混乱した」と言及されていたことだ。通常の共産党聖地ではなかなか見ることができない。しかし同館の大躍進と文化大革命の批判の内容は後述するが中途半端で、期間中の犠牲者数、膨大な文化財の損失は述べられていない。例えば杭州の浙江陸軍監獄では、1927年から1937年にかけて政治犯として投獄された中国共産党員1,505人のうち、145人が亡くなったと書かれているのだが……。まともに書くと抗日戦争の犠牲者数よりもはるかに多いことが判明し、中国共産党の支配の正当性に疑問符がつくからだろう。

● 銭塘江沿いの有名な塔の近く

同館は杭州では有名な観光地の六和塔のすぐ近くに位置している。繁華街の武林広場から318路のバスに乗り、「六和塔」で下車し、坂道を登れば5分くらいで到着できる。時間と体力に余裕があれば、杭州でも有名な歴史的建造物の六和塔に登ってみよう。

華中地方

同館前の広場には蔡永祥の彫像が設置され、台座には「一心為公共産主義戦士　蔡永祥烈士」と書かれている。近年では2019年と2022年に杭州の武装警察の100名以上の隊員が像の前で儀式を行っている。現在でも線路の上に丸太を置いた犯人は不明だが、筆者は貨物列車に積載した丸太が偶然、落下したものと推測している。

同館からの銭塘江と銭塘江大橋の展望。ちなみに銭塘江は毎年同じ時期に逆流する「大海嘯」が発生することで有名だ。

五・四運動中、杭州の青年や学生は闘争の前列に立ち、強烈な愛国精神を表現、労働者階級が歴史の舞台に登場したと述べられていた。

五・四運動の後、マルクス主義が各地に広がり、1922年9月に中共杭州小組が成立。当初、党員はたったの3名だった。

国民党による白色テロについて、反撃をした地元の五勇士を紹介。1927年から1937年にかけて、杭州の中国共産党員は迫害された。

第3章

党指導者の獄中闘争を表現した等身大人形。浙江陸軍監獄に収監された中国共産党員のうち、4名の省委書記及び代理書記が犠牲になった。1930年春、中共獄中独立支部が成立され、党組織の指導のもとに党員はさらに団結、獄中闘争を行ったと解説。具体的にどのような方法で闘争をしたのかは述べられていなかった。

周恩来は浙江省で国共合作や抗日民族統一戦線のための組織建設、群衆の抗日の意思の強化など重要な影響を与えた。

杭州地区の抗日戦争の勝利。1945年9月4日、杭州市の富陽区で現地の日本軍は投降の手続きを挙行したとのこと。

1947年10月29日、国民党によって殺害された浙江大学学生自治会主席の于子三の胸像。この影響は全国的な愛国民主運動を形成した。

国共内戦では、1949年5月3日に杭州は解放された。ジオラマには人民解放軍の攻撃した方向や、周辺地域の解放された時期が表記。

華中地方

抗美援朝（朝鮮戦争）で犠牲になった、浙江省の烈士。手前には烈士の食器、毛布、勲章といった遺品が展示されていた。

雷鋒のような模範兵士や、1962年の中印国境紛争（中国側は中印辺境自衛反撃戦と表現）で犠牲になった烈士達を紹介。

全面建設社会主義時期の開始の項目では、第2次五ヵ年計画は全国各地と同様、大躍進と人民公社は失敗だった。ただし、党と杭州市民の努力によって、経済建設に一定の成果があったと述べられていた。大躍進の失敗を認めるのは珍しいが、責任者や犠牲者（餓死者）数については一切、触れられていなかった。

1966年10月10日に犠牲になった、蔡永祥が実際に撤去した丸太や本人の軍服、水筒といった遺物を展示している。

蔡永祥が生前、背負っていた小銃も展示。バラバラに粉砕された小銃が、列車の衝突による衝撃の凄まじさを物語っている。

1966年に全面発動した文化大革命によって、全国の工場が停止、内戦が勃発、流血事件が頻繁に発生、工業農業の生産と人民の生活に深刻な影響を与える。国民経済に巨大な破壊をもたらし、政治と経済は混乱に陥ったとのこと。杭州では党や人民の努力によって、損失を最小限に抑えたと述べられていたが、本当なのか？

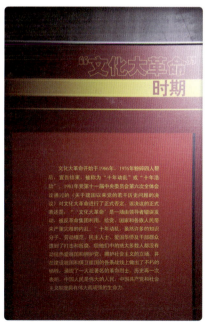

文化大革命は 1976 年に四人組を粉砕して終息。原因は指導者の錯誤と述べられていたが、毛沢東の責任については一切、触れられていない。

文化大革命後は 2 年が経過してから、杭州の経済の回復が軌道に乗り出した。その後は改革開放によって、杭州の経済が急成長を遂げる。

社会主義市場経済体制の建立の項目で、1992 年の鄧小平の南巡講話と第 14 回党大会で中国特色社会主義理論が形成されたと述べられていた。

華中地方

ソ連の派閥対立が影響、第一次国共合作崩壊前の党大会

中国共産党第五次全国代表大会会址紀念館

- 読 ちゅうごくきょうさんとうだいごじ
  ぜんこくだいひょうたいかいかいしきねんかん
- 簡 中国共产党第五次全国代表大会会址纪念馆
- 発 ヂョングゥオゴンチャンダンディウーツー
  チュエングゥオダイビャオダーフイ
  フイヂージーニェングァン
- 湖北省武漢市武昌区都府堤 20 号
- 武汉地铁 5 号线「司门口黄鹤楼」下車、徒歩 10 分前後
- 無料
- 09:00 ～ 17:00
- 月曜日
- 2007 年
- とくになし
- 必須

第 3 章

●国民党の大物も登壇した党大会

蒋介石の北伐の成功の影響で、上海の共産党や労働者組織が蜂起を決行。1927年4月11日、蒋介石は共産党系自警組織（糾察隊）の武装解除、これに反発するデモ抗議に対して発砲、多数の死傷者を出した（上海クーデター）。共産党への弾圧は中国各地で発生し、緊迫した状況で中国共産党第五次全国代表大会（以下、第五回党大会、大会と略記）が1927年の4月下旬から5月上旬にかけて武漢で開催される。第五回党大会にはコミンテルン代表、イギリス、フランス、アメリカ、ソ連の共産党代表も出席。この時点では第一次国共合作が継続していたこともあり、なんと武漢国民政府の汪兆銘も登壇している。陳独秀は国共合作に乗り気ではなく、ソ連のトロツキー派も国共合作は初めから誤りであったと主張。しかしトロツキーと対立していたスターリンは国共合作に固執。第五回党大会では陳独秀はかろうじて総書記の地位に残ったものの、コミンテルンのボロディン、ロイ、中国人党員の瞿秋白（く・しゅうはく）、張国燾らに疎まれることになる。スターリンの情勢判断の誤りが第一次国共合作の崩壊を招き、武漢国民政府による共産党員粛清、そして南昌蜂起にリンクする。1929年、陳独秀はトロツキストのレッテルを貼られ、中国共産党を除名される。

●小学校で開幕された党大会

第五回党大会の初日は武昌第一小学校で開幕、大会は漢口郊外の黄陂会館で継続された。2007年11月、かつては小学校だった建物と敷地を中国共産党第五次全国代表大会会址紀念館として開館。敷地内の第五回党大会の歴史陳列では、現在でも中国共産党から批判されている陳独秀の等身大人形を展示。ある程度評価しないと、党の歴史を語るうえでは矛盾が生じるのだろう。第一回だけでなく、第五回党大会でもそれほど存在感がなかったはずの毛沢東は等身大人形の配置からすると、まるで中心人物のようだった。大会の開幕式の会場では国共合作のスローガンがあり、必要はないと思うのだが、あえて当時の井戸も再現されている。武漢の発展を紹介する「大江弄湖」は味わいのある展示も見られるが、ありきたりな企画ではある。大会とはまったく関連はないが、強烈だったのは武漢国家安全教育展だ。現在の中国当局がどういった勢力を警戒しているかが如実に理解できる。展示を見ていると現在、スパイ疑惑で外国人が中国で不当に拘束されることに立腹したくもなるだろう。しかし、我が国はスパイ防止法がなく、安倍元総理が銃撃されているくらいなので、国家安全という点では相当、平和ボケしているのではないだろうか？

●最寄り駅は武漢の有名観光地のすぐ近く

武漢地下鉄5号線はコロナ禍の2021年に開通。最寄り駅の司門口黄鶴楼から徒歩でも10分前後で到着する距離のはず。武漢を代表する観光地の黄鶴楼も近くにあるので、一緒に観光するのもありだろう。

「中国共産党第五次全国代表大会歴史陳列」と書かれた建物で第五回党大会の歴史的意義を学習することができる。

1923年6月に広州で開催された「中国共産党第三次全国代表大会」で中国共産党の身分で国民党への入党を許可。翌年、第一次国共合作成立。

1927年1月、李立三、劉少奇の指揮によって、武漢の漢口イギリス租界を労働者が回収。武漢政府内部でも国民党左派と共産党の関係も悪化。

上海クーデターによる混乱の中、1927年4月〜5月にかけて武漢で第五回党大会が敢行された。11の省、区から共産党代表が集まる。

第五回党大会に参加した共産党代表の略歴。生没年を見ると、大勢のメンバーが中国建国前に亡くなっているのがわかる。

陳独秀は第五回党大会で中央総書記に選出されたが、同年7月に罷免、1929年に共産党を除名。1942年に四川省で他界。

劉少奇は第五回党大会で中央委員に選ばれる。共産党聖地では珍しく、文化大革命で迫害されていたことも述べられていた。

周恩来は上海クーデターの事後処理のために第五回党大会に出席できなかったが、中央委員に選出されている。

第3章

第五回党大会の後の7月15日に武漢国民政府によって、第一次国共合作は崩壊。多くの共産党員が国民党によって、虐殺された。

陳独秀の等身大人形。館内の解説では、陳独秀は右傾の錯誤と批判されていたが、具体的にどのような問題があったのか説明してほしかった。

第五回党大会で中央委員に選出された共産党員のうち、20名が新中国建国前に逝去。陳独秀の息子の陳延年、陳喬年も国民党に殺害されている。

左から蔡和森、任弼時、毛沢東、瞿秋白、惲代英の等身大人形が展示されている。毛沢東は第五回党大会で中央候補委員に選出されるも、同館では中心人物のような扱いで違和感を覚える。陳独秀が罷免されてから総書記はロシア語が堪能な瞿秋白が就任するも、短期間で罷免され、1935年に国民党に殺害される。

華中地方

「中国共産党第五次全国代表大会」と書かれている第五回党大会の開幕式の会場。陳独秀が議長を務め、コミンテルンの代表、そして国民党の代表の徐謙が祝辞を述べる。中国共産主義青年団、ボーイスカウトの代表も参加していた。もともとの建物は倒壊の恐れがあり1960年に解体、2007年に再建。

開幕式の会場は、武昌第一小学校の学生が雨天時に体育をする場所だった。2階は職員の宿舎だったと表記されている。

壁には国共合作ということでマルクス、孫文、レーニンの肖像画が飾られていた。かなり珍しい組み合わせと言えるだろう。

写真手前左側が議長の陳独秀の座席で、隣には瞿秋白が座っていた。共産党聖地の会議は座席に座った者の名前が特に重要視される。

第3章

「争取非資本主義前途、国共両党合作到底！」と壁にスローガンが書かれている。国民党の代表として譚延闓（たん・えんがい）、徐謙、孫科が出席したと表記。『初期中国共産党群像１トロツキスト鄭超麟回憶録』には黄陂会館で汪兆銘が登壇したと書かれていたが、館内にはそのような説明はなかった。

再現された武昌第一小学校の教室の様子。同館は全国愛国主義教育示範基地、全国重点文物保護単位、全国国家安全教育基地といった肩書がある。

武昌第一小学校の井戸。学校の教師や生徒だけでなく、近隣の住民も利用していた。一時期、廃棄されていたが、2007年に修復。

同館の２階からの展望。武昌第一小学校はもともと武昌高等師範学校に附属する小学校で、中国と西洋の建築方式が融合した建物だ。

この校舎の１階が開幕式の会場、２階は現在、武漢の発展を紹介する「大江弄湖」という展示コーナーになっている。

華中地方

武漢は交通の要所でもあり、長江に多くの橋が建設され、「橋都」とも呼ばれている。1957年に建設された武漢長江大橋は長江初の橋だ。

武漢市の日本の友好都市は大分市。コロナ禍初期には、互いにマスクを送った微笑ましいエピソードを思い出してほしい。

武漢と言えば、黄鶴楼。日本の漢文の授業でも登場する武漢を代表する観光地で、同館からそれほど離れていない。

1980年代の武漢の普通の家庭の生活を再現したコーナー。ブラウン管のテレビやミシンの他に、ラジカセやカセットテープも設置されていた。

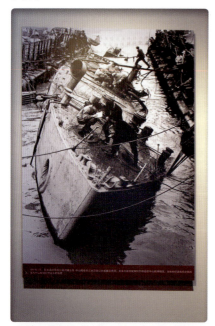

1997年、長江から引き揚げられた中山艦。詳細は拙作『中国抗日博物館大図鑑』の中山艦博物館の項目をご覧いただきたい。

現在の武漢の要所や歓楽街。昔の写真と比較しており、どのように変化しているかをわかりやすく紹介している。

湿地保護の紹介コーナー。武漢市内には非常に多くの湖があり、湿地公園が最多の都市であるとアピールしている。

第3章

安邦基石という建物では、武漢国家安全教育展が開催していた。G7参加国にとっては同意できない主張も複数、目撃された。

中華民族の偉大な復興という中国の夢を実現し、人民の安居楽業、国家安全は大事。と習近平のありがたい言葉が書かれている。

反恐怖主義（テロリズム）法の説明。欧米が懸念している少数民族の弾圧や、言論・表現の自由が以前よりも束縛されている。

ウイグル族の過激派のテロ事件を複数、解説。拙作『中国遊園地大図鑑 西部編』では、ウルムチ市の遊園地では武装警察が巡回していると紹介。

日本の左翼が見たらひっくり返りそうな学生への軍事教育。軍事禁区での禁止事項を学生へ優しく指導している模様。

日本の右翼が見たらひっくり返りそうな中国が考える脅威。日本の脱戦後体制や個別の領土・領海問題、朝鮮半島の不確定要素などが列記。

1992年11月11日、2名の金髪碧眼の西洋人が、望遠レンズで軍需工場を撮影。怒ったエンジニアが国家安全機関に通報、スパイと判明。

2012年2月20日、日本国籍の人間が新疆ウイグル自治区塔城地区で違法な測量を行う。地元民の通報により、軍事管理区の測量も判明。

華中地方

毛沢東が2番目の妻、3人の息子、
2人の弟と生活した武漢の住居

毛沢東同志旧居

- 読　もうたくとうどうしきゅうきょ
- 簡　毛泽东同志旧居
- 発　マオズードントンヂージゥジュ
- 📍 湖北省武汉市武昌区都府堤41号
- 🚌 武汉地铁5号线「司门口黄鹤楼」下車、徒歩10分前後
- 💴 無料
- 🕘 09:00 ～ 16:30
- ❌ 月曜日
- 🏛 1977年
- 📷 とくになし
- 📖 不明

第3章

●毛沢東と2番目の妻の楊開慧

毛沢東は2番目の妻の楊開慧と1920年もしくは21年に結婚、1922年に長男の毛岸英、1923年に次男の毛岸青、1927年に三男の毛岸竜が生まれている。この時期の毛沢東は中国共産党の第一回党大会、第一次国共合作に参加、楊開慧も革命運動に奔走していた。1927年の武漢では、毛沢東と楊開慧の最後の家族団らん生活を迎えることになる。同年4月、上海クーデターで第一次国共合作は事実上の崩壊、8月には南昌蜂起が起こる。9月には毛沢東が湖南省の農民と秋収暴動を起こして失敗、井崗山に根拠地を築く。楊開慧は母親と3人の子供を連れて故郷の長沙に潜伏するも、1929年に湖南軍閥の何鍵(か・けん)に逮捕される。何鍵は楊開慧に「毛沢東との離婚を新聞に発表すれば釈放する」と交渉したが拒絶され、1930年に彼女を処刑。毛岸英と毛岸青は一時期、上海で路上生活を強いられ、毛岸竜は4歳で死亡。一方、毛沢東は1927年に井崗山で3番目の妻となる賀子珍と同居し、翌年、女児が生まれている。さすがに毛沢東もやましさを感じたのか、1957年になって、楊開慧を偲ぶ「蝶恋花」という詞を書いている。毛岸英は朝鮮戦争で戦死、毛岸青は精神疾患を発症したものの2007年まで生きていた。

●ほぼ同名の施設が全国にあり、ややこしくなる毛沢東同志旧居

本項で述べる毛沢東同志旧居は武漢毛沢東同志旧居、武昌毛沢東旧居紀念館といった名称もあり、中国各地に毛沢東旧居、毛主席旧居といった類似する名前の施設があり、ややこしさに拍車をかける。同館は毛沢東が1926年12月から1927年8月にかけて武漢で革命活動をしていた際の住居だ。当時は毛沢東夫妻だけでなく、実弟の毛沢民、毛沢覃(もう・たくたん)、蔡和森、郭亮、彭湃といった中国共産党員も同居していた。建物そのものは清の時代の民家で、1957年に取り壊されたものの、1967年に再建。1977年に対外開放され、2001年に全国重点文物保護単位に認定される。館内には当時の寝室が復元され、若かりし頃の毛沢東の武漢での業績の解説もある。中国建国後の毛沢東はよほど愛着があったのか、武漢で海外の要人を何度も歓迎しており、1956年からの長江遊泳の様子の写真も展示されている。中庭には毛沢東、楊開慧、3人の息子、2人の弟の像が並び、このような毛沢東の家族の像はかなり珍しい。館内には楊開慧の最期も述べられていたが、賀子珍については特に説明はなかったはずだ。2010年には当時、国家副主席だった習近平も来館している。

●周辺の見どころも見学しておこう

同館は前述の中国共産党第五次全国代表大会会址紀念館の向かいにあり、武漢地下鉄5号線の司門口黄鶴楼駅から徒歩で行ってみよう。

華中地方

毛沢東同志が1927年に武漢にいたと書かれている。館内では毛沢東と武漢との関わりについての展示がされている。

毛沢東と楊開慧の寝室。同館には毛沢東の弟や他の共産党員だけでなく、楊開慧の母親やベビーシッターの寝室もあった。

寝室の壁の楊開慧と毛岸英、毛岸青の写真。1924年の夏、長沙で撮影されたとのこと。楊開慧は賀子珍のことは知らなかったと思われる。

同館の厨房。毛沢東は長江の武昌魚が大好物だった。後年、中南海まで生きたまま送らせ、調理させていたそうだ。

毛沢東同志旧居は清王朝末期に建築された民家で、再建されたレプリカながら現在は湖北省文物保護単位にも認定されている。

毛沢東一家が武漢で生活してから、多くの友人や革命同志が訪問したため、写真の客間で宿泊させていたと述べられていた。

第3章

毛沢東は1918年8月に北京へ向かう途中、初めて武漢へ訪問。この後も中国人民解放の過程で幾度も武漢に立ち寄ったと解説されていた。

1921年7月上旬、毛沢東は上海で開催された中国共産党第一次全国代表大会へ向かう途中、武漢にも立ち寄っている。

武漢での毛沢東と楊開慧夫婦。この時期の毛沢東は、昼は外出、帰宅後は深夜まで執筆しており、『湖南農民運動考察報告』を書いている。

1927年8月7日に漢口で緊急開催された八七会議で、毛沢東は「武力で政権を打ち立てる」という方針を確立させた。

1953年2月、毛沢東は中国建国後の武漢に再訪。その後は40回以上訪れ、調査研究、会議の主催、海外の要人との会見と目的は多岐に及ぶ。

1953年2月、毛沢東は軍艦「長江」「黄河」に乗船し、長江両岸を視察。リラックスした雰囲気で水兵と雑談する毛沢東。

1958年3月から4月にかけて、毛沢東は重慶から武漢まで船で三峡ダム建設のための視察を行う。館内には完成後の三峡ダムの写真も展示。

1961年9月21日、武漢で胡耀邦（右から3番目）らと雑談する毛沢東。大躍進直後に毛沢東（右端）のような肥満体の庶民は珍しかったはず。

華中地方

1958年11月25日、毛沢東、劉少奇、周恩来、陳雲、鄧小平、彭真が金日成首相率いる北朝鮮政府代表団と武漢の東湖賓館で記念撮影。毛沢東は同館で多くの外国人を歓迎し、1959年には日本社会党の浅沼稲二郎、1961年にはイギリスのバーナード・モントゴメリー元帥といった要人とも接見している。

1956年5月31日から1966年7月16日にかけて、毛沢東は武漢訪問の際、17回も長江で遊泳、健康アピールをしていた。

1956年5月31日、毛沢東の初めての長江遊泳。同年6月2日、毛沢東の2回目の長江遊泳の写真も展示されていた。

毛沢東最後の長江遊泳の写真。1976年に「毛主席長江遊泳10周年」の記念切手の題材になったが、発行2ヶ月後に毛沢東は亡くなった。

館内の中庭の毛沢東一家像。写真右から毛沢東、毛岸英、楊開慧、毛岸竜、毛沢覃、毛沢民、毛岸青となっている。毛沢民は紅軍の経理を担当し、1943年に迪化（現在のウルムチ）で盛世才によって殺害される。毛沢覃は紅軍独立師団司令官だったが、1935年に瑞金で国民党軍によって殺害されている。

1955年12月31日、漢口と漢陽を結ぶ江漢橋が開通。翌年1月に書かれた毛沢東の直筆の「江漢橋」のレプリカが展示されていた。

毛岸青とその妻の邵華による「毛沢東生誕100周年」を記念した題字。毛岸青夫妻の息子の毛新宇は軍人になっている。

1976年7月16日、毛沢東が長江遊泳時に乗船していた「W506」快速艇は、後に「7・16」に改名。写真は「7・16」の模型。

同館の「紅色礼物」を販売するグッズショップで木製の栞が販売されていた。毛沢東と楊開慧がプリントされたグッズはかなり珍しい。

華中地方

江沢民の揮毫マニア

写真左から鄧小平、江沢民、胡錦濤

鄧小平故里①

鄧小平故里②

鄧小平故里③

　江沢民は中華人民共和国では初めての文民出身の最高指導者で、たたき上げの軍人だった毛沢東や鄧小平と比較すると「慎重」「風見鶏」「カリスマ性の欠如」と指摘される。江沢民の指導方針は鄧小平路線を基本的に継承し、反日教育を強化したことも特徴だ。筆者が中国全土を移動していると、各地で江沢民の揮毫を目撃し、なぜここまで多いのか毎回、疑問に思っている。2003年の時点で中国国内には江沢民の揮毫が3万点以上あり、国家主席在任中の10年間に書いたものと仮定すると、1日だけでも相当な数の揮毫を書いたことになる。ここまで揮毫を残すのはおそらく、他の国の指導者には見られない傾向だろう。筆者の撮影対象のジャンルの1つは明らかに変な看板で、筆者の観点では江沢民の揮毫もこれに該当する。中国国内ではありふれているが、外国人には奇妙に思える江沢民の揮毫がある光景を勝手に分析＆ツッコミをいれてみたい。
　まずは170ページで紹介した四川省の鄧小平故里で目撃した江沢民の揮毫は「鄧小平故居陳列館」と「鄧小平同志故居」が2ヵ所の計3点が確認された。読者諸兄はこの時点でヤバさを感じてほしい。特に鄧小平の生家前は絶好の記念撮影スポットで、写真にはかなりの確率で「鄧小平同志故居」と大書された額がフレームインする。これは言外に江沢民が鄧小平の正当な後継者であることをアピールしているのだと思われ、カリスマ性の欠如の裏返しではないだろうか？　ちなみに筆者は達筆ではなく、他人の書の巧拙は評価できないが、鄧小平故里だけでも江沢民は揮毫を書きすぎだと、声を大にして言いたい。

コラム

深圳世界之窓

長沙世界之窓

北京世界公園

平遥古城

　拙作『中国遊園地大図鑑 南部編』で紹介した広東省の経済特区の深圳市と湖南省の長沙市のテーマパークの世界之窓より。深圳市の経済発展は凄まじく、地下鉄網も拡大。深圳地下鉄1号、2号線の世界之窓駅の出口の1つはルーヴル・ピラミッドを再現しており、江沢民による揮毫の「世界之窓」が大書されていた。深圳世界之窓と同系列のテーマパークの長沙世界之窓の入口もガラスのピラミッドになっていた。拙作『中国遊園地大図鑑 北部編』で紹介した北京世界公園の入口は西洋城塞の城門のようになっており、「世界公園」と江沢民の題字が表記されている。こういったテーマパークでは入口から江沢民を意識せざるを得ない構造になっていることがある。ちなみにこれら3つの世界一周系テーマパークの中で筆者のお気に入りは長沙世界之窓だ。インパクトの強さが桁違いで、園内を徹底的に観察したくなる中毒性があり、マニアなら必見！　山西省の平遥古城は明清時期の城壁や街の様子がほぼ完全な状態で保存されている世界遺産として有名だ。まともな中国の観光旅行を楽しみたいなら、長沙世界之窓よりも平遥古城をお勧めしたい。そんな平遥古城は2001年の江沢民、2002年には朱鎔基といった2名が揮毫。江沢民の揮毫ウォッチャーとしては、非常にレアな状況と思われる。筆者は雲南省の世界遺産の麗江でも江沢民の揮毫を目撃しており、中国国内の他の世界遺産でも同様ではないかと推測される。それにしても、ここまで自己PRをしたいものなのだろうか？

霊隠寺

豊都鬼城

九・一八歴史博物館

延安駅前

　　江沢民の揮毫は高速道路や巨大な橋だけでなく、宗教施設にも書かれていることがある。浙江省杭州市の霊隠寺の大門にも「霊隠寺」と大書。重慶市内中心部からかなり離れた豊都鬼城は地獄巡りスポットとして有名だ。敷地の建物内部に「豊都名山」と書かれており、こんな所にもと少々、あきれるばかりだ。読者の皆様も中国での移動中、江沢民の揮毫を目撃したら、筆者と同様に「またかよ」と思いながら撮影に臨んでほしいところだ。抗日博物館でも揮毫は見られ、遼寧省瀋陽市でも「九・一八歴史博物館」と館名が大書されていた。江蘇省南京市の侵華日軍南京大屠殺遇難同胞紀念館にも揮毫があり、抗日物件でも多く目撃されている。革命聖地の陝西省延安市の駅前には江沢民の「延安精神　永放光芒」、すぐ近くには毛沢東の筆による「自己動手　豊衣足食」がある。周辺には鄧小平、胡錦濤、習近平の揮毫は見られなかった。江沢民は「偉大な領袖の毛沢東と同格だ！」と暗に主張したいのだろう。しかし、毛沢東はスローガンのように延安で自ら畑を耕して好機を待っていたのと比べると、さすがにこの主張は無理があると言いたい。大企業の創業者は破天荒な人物で、2～3代目の社長となると無難な人物が就任することが多い。江沢民が指導する中国には毛沢東のような強烈な個性は必要なかったのだろう。江沢民の揮毫が中国各地でこれほど見られる光景は奇異ではあるが、中国歴代皇帝には庶民を困らせるひどい嗜好がある人物もいるので、そこまで極悪な趣味ではない。ギネスブックに「同一人物による揮毫の数」という項目で申請すれば、ギネスレコードに認定されるかもしれない。一方、鄧小平は功績の割には自身の像や揮毫は非常に少なく、江沢民と比較すると謙虚に感じる。

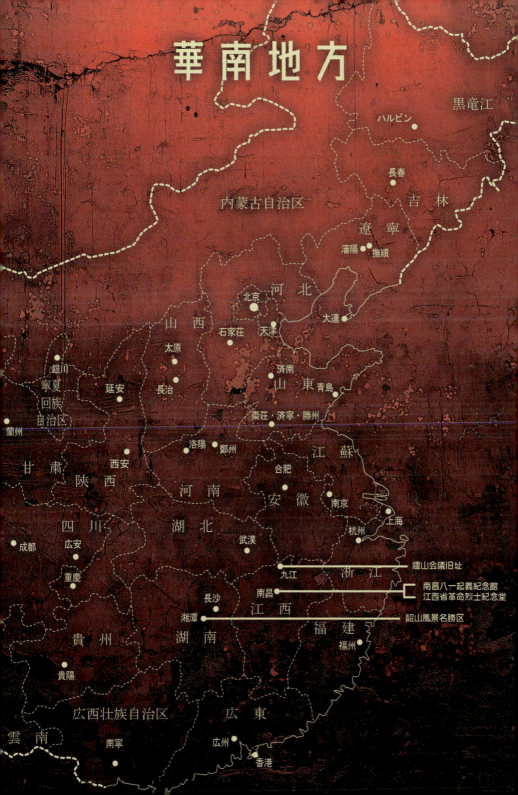

中共軍事闘争の始まりと中国人民解放軍の創立記念日

南昌八一起義紀念館

- 読 なんしょうはちいちきぎきねんかん
- 簡 南昌八一起义纪念馆
- 発 ナンチャンバーイーチーイージーニェングァン
- 南昌市西湖区中山路380号
- 南昌地铁1、3号线「八一馆」下車
- 無料
- 09:00～16:30
- 月曜日
- 1956年
- http://www.81-china.com/
- 必須

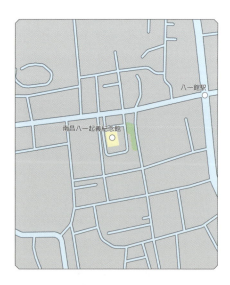

第4章

●それまで独自の軍隊のなかった中国共産党の武装蜂起

1927年6月、スターリンの指示に従って、中国共産党は武漢の国民党政府を占拠するため、政府内部から破壊工作を実行した。同年7月、武漢の国民党トップの汪兆銘（当時、蒋介石は南京に自派の国民党政府を樹立していた）が中国共産党との関係を断ちきり、第一次国共合作は瓦解。共産党員の粛清が始まり、中国共産党の緊急会議が開催、優柔不断な陳独秀は追放され、中央臨時政治局常務委員会が成立。メンバーの張国燾、李維漢、周恩来、李立三、張太雷は武装蜂起を準備、1927年8月1日、一部の国民党軍を巻き込んで南昌蜂起（中国語では八一南昌起義、もしくは南昌起義）が決起された。南昌蜂起は周恩来をリーダーとし、賀竜、葉挺、朱徳、劉伯承といった軍人が、2万人以上の軍隊を率いて決行された。蜂起軍（名目は共産党の軍隊ではなく、国民党軍だった）は数時間で南昌市内の制圧を完了。しかし蒋介石が派遣した国民党軍の猛攻で蜂起軍は8月4日には広東省南部へ向けて撤退。蜂起軍の撤退は党幹部会で議論の的となり、周恩来への厳しすぎる批判の対象にもなった。その後もいくつかの地方で共産党主導による武装蜂起が行われたが、大半は失敗に終わり、独自の農村革命を目指すことになる。中国共産党の軍事闘争の始まりの南昌蜂起にちなみ、8月1日は人民解放軍の創立記念日（建軍節）となっている。

●人民解放軍の軍旗にも関わる共産党聖地

南昌八一起義紀念館は南昌蜂起を記念する施設として1956年に成立、1959年に正式に対外開放される。「中国軍史第一館」として南昌蜂起に参加した周恩来、朱徳、陳毅だけでなく、江沢民、胡錦濤、習近平といった指導者も来館している。敷地内には総指揮部旧址、賀竜指揮部旧址、葉挺指揮部旧址、朱徳軍官教育団旧址、朱徳旧居、陳列館がある。陳列館に入館すると、国民党への最初の反撃を記念した「第一槍（銃）」のオブジェとレリーフの人民解放軍の軍旗に「八一」と大書されていることに気付くはずだ。館内では資料や蜂起軍が実際に使用した武器、葉挺の指揮刀や賀竜の拳銃の展示、南昌蜂起のハイライトシーンを等身大の人形で再現。中国人民解放軍のこれまでの発展の歴史も紹介されている。日本の観光地のように、自動販売機で来館記念コインの購入も可能だ。広場にある劉伯承、葉挺、周恩来、賀竜、朱徳の5人の像の前は人気の撮影スポットで、時間があれば八路軍の貸衣装を着用して記念撮影をするのもありだろう。

●南昌市中心部の抜群の好立地

同館へは南昌地下鉄1、3号線八一館駅で下車すればすぐ近くという好立地にある。国家一級博物館、国家4A級旅遊景区ということもあり観光客の多い施設で、なるべく早い時間に来館しておきたい。同館の近くには南昌蜂起の戦場の1つだった南昌八一公園もある。

華南地方

南昌八一起義紀念館は南昌地下鉄1、3号線の八一館駅のすぐ近くなので、おそらく道に迷うことはないはずだ。

同館の題字は南昌蜂起に実際に参加していた陳毅が揮毫している。蜂起後、陳毅は朱徳と共に井崗山へ撤退することになる。

同館はもともと江西大旅社と呼ばれ、周恩来は銀行家と偽って宿泊し、作戦司令部を設置した。筆者訪問時は改修工事中で入館できず。

同館の資料を展示する陳列館。格子状の壁のマスには星に八一と書かれた中国人民解放軍軍徽がデザインされている。

陳列館のエントランス。中国共産党による国民党への最初の軍事闘争のシンボルとしての小銃のオブジェと、南昌蜂起が決起された8月1日を記念して八一と書かれた中国人民解放軍の軍旗が印象的だ。南昌蜂起の時点ではこのような軍旗は存在せず、蜂起軍は国民党軍の軍旗を使用していた。

第4章

南昌蜂起の当時の南昌市をジオラマで再現。蜂起軍は鉄道駅、市長公邸、競技場、官庁庁舎といった施設を占拠した。

南昌蜂起で市内各地を制圧する蜂起軍を等身大の人形で再現。館内資料によると3,000人以上の国民党軍を殺害したとのこと。

「歓呼勝利」というタイトルの油彩画。蜂起軍が南昌市を制圧できたのは4日間だけだったので、「勝利」でいいのだろうか？

写真左から南昌蜂起で活躍した賀竜、葉挺、朱徳、劉伯承。それぞれ国民党軍の軍長、師長、軍官教育団団長といった肩書があった。

南昌蜂起で葉挺が使用していた指揮刀。館内には蜂起軍主要メンバーの武器や蜂起軍の軍服も展示されている。

南昌蜂起で賀竜が実際に使用していたリボルバー銃。近くには賀竜の当時の懐中時計や朱徳が使っていた拳銃も展示されていた。

小銃、迫撃砲、重機関銃といった、蜂起軍が使用した武器が展示。館内資料では機銃800挺以上、小銃5千挺以上を鹵獲したとのこと。

南昌蜂起に参加した兵士も名簿。2万人以上の内、1,042人の名前が記録され、可能な範囲でそれぞれの生没年が記載されていた。

華南地方

南昌蜂起失敗後の天心圩軍人大会のシーン。朱徳と陳毅が率いる千人の部隊が天心圩で宿営した翌日、約200人が脱走。朱徳は軍官会議を開催し、「1927年の中国革命は失敗だ。ロシアの1905年の革命も失敗したが、1917年に成功した。中国の革命も同じように成功させよう！」と力強く演説した。

1927年9月9日、毛沢東が書記となって秋収蜂起を決行。毛沢東は惨敗し、井崗山で革命根拠地を作ることになる。

「遵義会議」というタイトルの油彩画。同会議で毛沢東は中共中央と紅軍のリーダーとしての地位を確立させた。

現在の中国人民解放軍の軍旗と軍徽。中国の国旗の五星紅旗と比べるとデザインは似ているが、別モノである。

同館2階からのエントランスの眺め。小銃オブジェ、軍旗、レリーフがフレームインする写真を撮影することが可能だ。

第4章

同館の記念品グッズコーナーでは、定番の毛沢東や模範兵士として有名な雷峰の「為人民服務」とプリントされたバッグを販売。

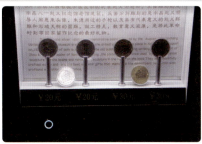

同館オリジナルの記念コインを自動販売機で購入できる。価格は1枚20元～30元（約420円～630円）となっている。

1949年4月23日、中国人民解放軍が南京の国民党総統府を占領。南昌蜂起の時点と比べると、国共両党の立場が逆転している。

1984年10月1日の中国建国35周年、鄧小平が天安門広場で閲兵。中国の指導者の閲兵スタイルは江沢民、胡錦濤、習近平も踏襲。

2015年12月31日、陸軍指導機構、ロケット軍、戦略支援部隊の成立大会が北京で挙行される。習近平が各部隊の指導者に軍旗を授与。

南昌蜂起には共産党シンパの軍人だけでなく、文化人の郭沫若も参加しており、ブロンズ胸像も広場に展示されていた。

広場の劉伯承、葉挺、周恩来、賀竜、朱徳像前は人気の撮影スポットで、八路軍軍服のコスプレ熟女のポーズもナイスだ。

八路軍軍服を着用した中年男性で、上半身のみ撮影されるようだ。筆者もトライしたところ、ベルトの位置など着用の指導はされる。

華南地方

全国と比べても多い江西省の烈士と、栄光の革命老根拠地

江西省革命烈士紀念堂

読	こうせいしょうかくめいれっしきねんどう
簡	江西省革命烈士纪念堂
発	ジャンシーシェングァミンリェシー
📍	江西省南昌市东湖区八一大道 399 号
🚌	南昌地铁 2 号线「福州路」下車
💰	無料
🕐	09:00 〜 16:00
❌	月曜日
🏛	1957 年
	とくになし
📖	必須

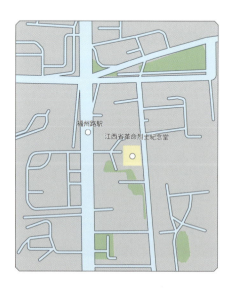

●中華人民共和国のひな形となった革命老根拠地

1927年9月9日、毛沢東は湖南省で農民を中心とした秋収蜂起を実行したが、あえなく鎮圧された。敗残部隊をまとめた毛沢東は、国民党軍の手がとどきにくい江西省の井崗山に本拠地を置き、3番目の妻となる賀子珍と同棲を始めている。1928年4月、南昌蜂起失敗後の朱徳、陳毅の部隊が井崗山で毛沢東の勢力と合流、中国労農紅軍第四軍を編成している。当時の毛沢東の方針は地主階級の土地の没収、農民の遊撃戦争の援助、紅軍とソヴィエト区の発展だ。1930年代は中国共産党の革命根拠地で粛清の嵐が吹き荒れ、冤罪で「AB団」として7万人、社会民主党員が6千人以上も殺害された。こういった点は後の中華人民共和国の成立や建国後の重大な失策のひな形となっている。毛沢東は1931年には瑞金に「中華ソヴィエト共和国臨時政府」（中央革命根拠地）を樹立したものの、1932年秋以降、党・軍の指揮権を剥奪されていた。瑞金の紅軍は国民党軍の包囲掃討作戦を4回撃退したが、1934年の第五次包囲掃討作戦で壊滅。同年10月、党中央は瑞金からの撤退を決定し、後に「長征」と呼ばれ、犠牲者も多かった。長征の過程で毛沢東は党全体の主導権をにぎることになる。

●烈士＝犠牲者が特に多かった、江西省

1957年に開館した江西省革命烈士紀念堂は朱徳、董必武、彭徳懐といった要人も訪問し、全国愛国主義教育示範基地に認定されている。中国の歴史の教科書にも江西省は南昌蜂起、国民党軍の包囲掃討作戦、長征の起点になっていることが述べられていることから、犠牲者も多かったのだろう。入館すると250,000と大書されたレリーフがあり、裏側にあった塑像の解説には江西蘇区（ソヴィエト区）では25万人以上が烈士＝革命の犠牲になったと述べられている。詳細は後述するが、館内の江西省革命烈士統計表によると、抗日戦争や国共内戦よりも、南昌蜂起から長征が始まった前後にかけて、国民党軍との戦いでの烈士人数が桁違いに多い。展示は中国共産党の創立と第一次国共合作の時期の江西省の様子から始まり、南昌蜂起、井崗山、長征、抗日戦争、国共内戦、朝鮮戦争について述べられていた。館内で顕彰されている地元の烈士は、20代で亡くなった若者が多く、ボロボロになった烈士の衣装も展示されていたのが印象的だった。

●同館へ向かう途中、タクシーの運転手に言われたこと

筆者取材時点では、同館への地下鉄路線は開通していなかった。拙作『中国抗日博物館大図鑑』でも述べたのだが、タクシーで向かったところ、運転手が「抗日戦争では中国人が大勢、殺された。その後は中国人同士でもっとひどい殺し合いを行った」と語りだした。館内の革命烈士統計表は烈士以外の犠牲者はまともに紹介していないのだろう。現在、同館へは南昌地下鉄2号線福州路駅で下車すればすぐ近くにある。

華南地方

同館入口前の革命烈士の像。台座には「烈士たちの遺志を継承し、革命の伝統を発揚させ、我が国を繁栄させるために奮闘しよう！」などと表記。

入館直後に見ることになるレリーフ。250,000 は江西省で当局に認定された烈士の人数だ。作品のタイトルや作者名は見られなかったはず。

レリーフ裏側の広い空間にある 5 人の革命烈士の像。江西省は南昌蜂起、井崗山、紅都瑞金といった、中国の革命で重要な場所であり、土地革命戦争の時期の江西蘇区は省全体の 2/3 を占め、1/2 の人口を抱えていた。江西省は革命の犠牲となった烈士が 25 万人以上、全国の烈士総数の 1/6 になっている。

5 人の革命烈士の像近くの入党誓詞。党の規律を厳守し、党の秘密を守り、党に永遠に逆らわないことを誓わされる。

5 人の革命烈士の中には 1 名、女性の姿も見られる。台座の解説文の最後は「革命烈士永垂不朽！」で締めくくられていた。

第 4 章

革命思想の宣伝と江西党団組織の創建の解説。1922年2月、江西省の安源で中共支部が誕生したと述べられていた。

呉長烈士の綿入れ。他にも複数のボロボロになった烈士の衣装が展示されていた。当時の庶民の生活レベルが推測される。

館内には江西省の烈士の胸像が多数、展示。写真手前の袁玉冰（1899-1927）は中共九江市委書記などを務めていたが、密告され刑死。

第一次大革命（国共合作）の崩壊によって、江西省でも多くの中国共産党員や革命の志士が殺戮されたと解説されている。

南昌蜂起では4時間の激戦で3千人の敵を全滅させたと書かれていたが、その後、中国共産党側は何名、生き残ったのだろうか？

竜源口の戦闘で紅軍が使用していた大刀と槍の穂先。マスケット銃や旧式の大砲も展示されており、装備の貧弱さに紅軍の苦労が偲ばれる。

井崗山上の無名英雄。1929年1月下旬、国民党軍が井崗山に攻撃し、紅軍戦士が捕虜を取り戻そうと奮闘したが、壮烈な戦死を遂げた。

獄中の方志敏。革命根拠地の指導者の1人だった方志敏は、国民党に逮捕され、1935年8月6日、南昌で秘密裡に殺害される。

華南地方

毛沢東の弟の毛沢覃は紅軍の要職を務め、長征後は転戦を継続していたものの、1935年に瑞金で国民党軍に包囲され、殺害される。賀子珍は長征中、毛沢東に同行して3回、出産。毛沢覃の妻の賀怡は賀子珍の妹だ。毛沢東の弟の毛沢民、毛沢覃、妻の楊開慧、賀子珍、江青は革命の犠牲になるか、不幸な晩年を過ごしている。

タイトルは不明だが、紅軍の群像と思われる。周辺のボードには1930年代前半に犠牲になった、紅軍指導者の名前が列記されていた。

中央革命根拠地の5回に渡る包囲掃討作戦に対する紅軍の軍事行動の解説図。蒋介石はドイツ人軍事顧問のトーチカ戦術によって、瑞金を攻略。

偉大な長征・江西部分地区長征犠牲烈士統計表では、江西省各地域の長征での犠牲者数の多さに驚かされるばかりだ。

1934年8月から始まった長征の経路。1936年10月に紅四、紅二方面軍が陝西省の紅一方面軍と合流、多大な犠牲者を出した長征が完了。

1941年の皖南事変（かんなんじへん）で国民党軍の捕虜になった新四軍の将兵が収監されていた上饒集中営を再現。拷問も行われていた。

中国軍隊（国民党軍と思われる）が鄱陽湖地区の楊家湾陣地から日本軍に射撃をしていたと解説。撮影日時は未表記。

国共内戦で亡くなった烈士。それぞれ長征に参加、八路軍、新四軍で活躍した人物で、共通して何らかの要職を務めていた。

江西省出身の蔡正国（1909-1953）は長征に参加し、順調に八路軍でも出世していたが、朝鮮戦争で戦死。瀋陽抗美援朝烈士陵園に埋葬。

館内の出口周辺に展示されていた江西省革命烈士統計表。抗日戦争よりも第二次国内革命戦争時期（1927-1937）は南昌蜂起、長征、第二次国共合作があり、圧倒的に犠牲者が多い237,209人となっている。具体的な死因は書かれていないが、この中にはAB団狩りで粛清された人数も含まれているのだろうか？

華南地方

毛沢東の逆鱗に触れ彭徳懐が失脚し、大躍進が急進化

廬山会議旧址

- 読 ろざんかいぎきゅうし
- 簡 庐山会议旧址
- 発 ルーシャンフゥイイージゥヂー
- 📍 江西省九江市庐山区牯岭镇河西路 504 号
- 🚌 九江长途汽车站から「庐山」行きのバスに乗り、廬山風景区へ。庐山汽车站近くから旅游观光车の东线に乗り「庐山会议旧址」下車
- 💴 無料
- 🕒 08:30～16:30
- ❌ 毎月第一・第三火曜日
- 🏛 1985 年
- とくになし
- 📖 不明

第 4 章

●大惨劇の引き金になった廬山会議

彭徳懐は長征、抗日戦争、国共内戦を戦い抜き、朝鮮戦争では中国人民志願軍（義勇軍）の総司令官も務めたような軍人だ。大躍進の時期には、国務院副総理や国防部長といった要職を兼任。湖南省出身ということもあり、同郷の毛沢東とは「同志」と呼び合うほど、親密な関係だった。1959 年の 7 月初旬から 8 月中旬にかけて、江西省の廬山で中共政治局拡大会議と中共第八期八中全会が開催（後に廬山会議と呼ばれる）される。彭徳懐は当初、大躍進そのものには積極的であったが、故郷の湖南省で餓死者まで出ている状況を深刻に受け止めた。もともと廬山会議では、大躍進のもたらした問題を修正するのが目的だったが、彭徳懐の諫言によって、毛沢東の逆鱗に触れ、彭徳懐とその同調者がスケープゴートにされた。その結果、大躍進を是正するどころか、いっそう急進主義路線を走ることになり、数千万人単位の餓死者が発生。虚偽の誇大報告と熱狂主義によって、中国史でもかつてなかったほどの大惨劇となる。彭徳懐は党除名になり、文化大革命中に迫害され、1974 年に死亡。享年 76。1978 年に名誉が回復された。ちなみに廬山は蒋介石も避暑地として使用しており、非常に重要な政治的舞台になっている。

●最後の関頭演説の現場と隣接

廬山会議旧址の建物は 1935 年に建築が始まり、1937 年に竣工した廬山大礼堂だ。当初は蒋介石が国民党の軍官に対して訓話を述べており、隣接する図書館（現在の廬山抗戦博物館）では最後の関頭演説が行われた。中華人民共和国建国後は廬山人民劇院と改名され、1959 年の廬山会議といった重要な会議が 3 回、開催されている。廬山会議旧址は 1985 年に対外開放。同館の 2 階は廬山会議の会場となった影劇大庁で、1970 年の中国共産党中央 9 期二中全会の席順が再現されている。館内には毛沢東、周恩来、劉少奇、朱徳といった中国共産党の首脳陣の廬山での活動の写真や資料を展示し、映像も鑑賞できる。大躍進については、ほんの少しだけ説明されていたものの、筆者が館内を見た限りでは詳しい解説はなかったはず。時間があれば、隣の廬山抗戦博物館といっしょに見学をしておこう。

●避暑地としても有名な廬山

九江市の九江長距離バスターミナルのバスに乗車すれば、片道 1 時間弱で廬山風景区に到着する。早朝に出発すれば、廬山の日帰り観光も可能だ。廬山バスターミナルから同館までは旅遊観光車の東線に乗り廬山会議旧址で下車。現在の廬山はユネスコの世界遺産、ジオパークにも認定されている。また、多くの別荘が建てられている避暑地としても有名で、登山客が非常に多い観光地となっている。廬山の風景もしっかり堪能していただきたい。

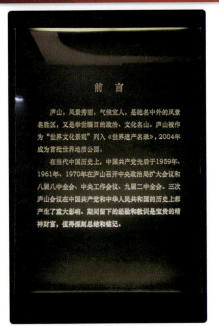

廬山についての解説、1959年、1961年、1970年と3回開催された廬山会議で中国の政局の重要な決定がされたと述べられている。

1958年に大躍進と農村人民公社化で多くの問題が発生。1959年前半になっても、好転しなかったと表記。具体的ではない大躍進の説明。

同館2階の影劇大庁では、1970年の中国共産党中央9期二中全会の席順を再現。壇上には康生、周恩来、毛沢東、林彪、陳伯達が座り、前列には葉剣英、江青、朱徳といった要人が座っていた。前年に他界した劉少奇、当時失脚していた鄧小平の名前は表記されていない。陳伯達は同会議後、失脚している。

第4章

影劇大庁の舞台側から撮影。「偉大なマルクス主義、レーニン主義、毛沢東思想万歳」と中国らしいスローガンが大書されている。

同館入口の金色の毛沢東像。背後には簡体字で「中国共産党　廬山会議旧址」と表記。2階には白い毛沢東の胸像も見られた。

廬山会議の期間の合間に毛沢東は現地の芦林湖や将軍河で趣味の水泳を楽しんでいた。周恩来が芦林湖で泳いでいる写真も展示。

周恩来の廬山滞在中の写真。毛沢東像マニアのコラムでも説明したのだが、廬山には毛沢東と周恩来がペアになった像が屋外に展示。

劉少奇の廬山での写真。劉少奇は登山や現地の若者との交流を楽しんでいたようだ。筆者は冬季に登ったが、夏季登山の方が快適のはず。

朱徳の廬山での写真。朱徳は抗日戦争中も軍務の合間に山西省の農民と中国将棋の対局をしており、廬山でも同様だった。

同館に隣接する廬山抗戦博物館。国民党政権や抗日戦争マニアは是非、訪問して廬山での重要な政治的決定の現場を実感していただきたい。

夕方になると、廬山のバスターミナル周辺は大勢の登山客が下山するので、かなり込み合う。バスの座席確保に時間がかかることもある。

政治家も観光客も押し寄せる、再現された毛沢東の生家

韶山風景名勝区

- 読 しょうざんふうけいめいしょうく
- 簡 韶山风景名胜区
- 発 シャオシャンフォンジンミンションチュー
- 湖南省湘潭市韶山市韶潤大道
- 「韶山南站」から１路のバスで「韶山景区游客中心」下車
- 無料
- 08:30 〜 17:00
- 無休だが、韶山毛沢東同志紀念館は月曜日休館
- 毛沢東同志故居は 1950 年に開館
- http://www.txssw.com/
- 毛沢東関連施設は予約必須

●若き日の毛沢東

1893 年、毛沢東は湖南省の富農の毛胎昌、文素勤夫婦の三男として誕生するも、兄二人は夭折。毛沢東は長男として育てられ、当時は一般的な農民には望めない教育も受けているが、日常的に暴力を振るう父親に対して、憎悪していた。1907 年に 14 歳の毛沢東は 4 歳年上の羅一秀と見合い結婚をしている。しかし、毛沢東は最初の妻には好感を持たず、ほとんど同居することもなかった。羅一秀は子供を産むこともなく、1910 年に病死している。1918 年に毛沢東は長沙の師範学校を卒業し、恩師の楊昌済が北京大学教授に就任したことから、北京大学図書館のアルバイトを紹介してもらっている。翌年、長沙に戻った毛沢東は湖南学生連合を組織している。楊昌済は 1920 年に病没し、娘の楊開慧は、毛沢東の 2 番目の妻となる。毛沢東は幼年から読書が趣味であり、このころは『共産党宣言』『階級闘争』『社会主義史』を読んで、マルクス主義に傾倒していた。1921 年に上海で開催された中国共産党の第一回党大会に出席、党の創設メンバーとして活動することになる。毛沢東は蒋介石とは異なり、農民について深く理解していたことが中国を統一できた要因だと言える。毛沢東の生家は 1929 年に国民党政府によって没収され、破壊されている。

●故居景区の必見スポット

韶山風景名勝区は毛沢東の故郷ということもあり、関連施設が点在している。主要エリアは故居景区、滴水洞景区、毛沢東紀念園、韶山景区となっており、本項では故居景区の必見スポットについて述べる。毛沢東の生家は 1950 年に毛沢東同志故居として再建され、内部には毛沢東や両親の寝室、厨房、少年時代の毛沢東が通った私塾の様子を再現している。韶山毛沢東同志紀念館は生平展区と専題展区の別々の建物があり、見逃さないようにしたい。それぞれ毛沢東の生い立ちの紹介、毛沢東関連の資料の展示と内容が異なっているので、時間があれば両方見学しておこう。毛沢東広場の毛沢東像は人気の記念撮影スポットで、毛氏宗祠にある家系図では、韶山毛氏の始祖の清代の毛太華から毛沢東の孫の毛新宇、その子供の世代まで紹介している。これらのスポットは密集しているが、韶山毛沢東同志紀念館は月曜休館、筆者は入館しなかった毛沢東同志図書館は日曜休館なので、注意が必要だ。このような場所まで訪問する毛沢東マニアの期待に応えるべく、売店のグッズも充実している。

●高速鉄道と路線バスで向かおう

長沙南駅から韶山南駅まで、高速鉄道で片道 30 分もかからない。韶山南駅から 1 路のバスで「韶山景区游客中心」まで向かおう。湖南省の省都の長沙市からなら、日帰り観光も可能だが、時期によっては訪問客でごった返していることも予想され、時間には余裕を持って、行動してもらいたい。現地のタクシードライバーにも毛沢東は地元の英雄と認識されているのが印象的だった。

華南地方

毛沢東同志故居の外観。上から見ると凹の字型で、全国優秀愛国主義教育示範基地にもなっている人気スポットだ。

毛沢東同志故居の題字は1983年6月27日に鄧小平によって、書かれている。政治家の集合写真の撮影スポットでもある。

毛沢東の父親の毛胎昌（1870-1920）（右）と母親の文素勤（1867-1919）。毛胎昌は短気、文素勤は寛大な人物だった。

1925年、毛沢東は韶山で農民運動を展開し、毛新枚らを中国共産党へ入党させ、毛沢東の寝室で入党宣誓儀式が行われていた。

毛沢東が通っていた井湾里の私塾の教師の毛宇居。中国建国後も毛沢東が帰郷した際には歓談するなど、交流は続いていた。

毛沢東の弟の毛沢民。1896年に韶山で生まれ、1921年に中国共産党に入党、1943年に殺害される。享年47。毛家の烈士の1人だ。

毛沢東の二番目の弟の毛沢覃。1905年に韶山で生まれ、1923年に中国共産党に入党、1934年に戦死。享年29。毛家の烈士の1人。

第4章

毛家の厨房。1921年春、毛沢東は厨房で家族会議を開催し、親族に対して中国人民の解放事業への参加を促した。

毛沢東が私塾に通っていた時期のランチボックスとサンダル。ボードの解説によると、複製品ではなく、本物らしい。

1961年4月8日から9日にかけて、中共中央副主席、国家主席の劉少奇（前から2列目の左から5人目）が韶山に訪問した際の集合写真。

1973年10月19日、当時、国務院副総理だった鄧小平（前列左から6人目）が韶山に訪問した際の集合写真。

1991年3月11日から12日にかけて、中共中央総書記、中央軍委主席の江沢民（前列右側）が韶山に訪問した際の写真。

2003年10月1日、中共中央総書記、国家主席の胡錦濤（左から4人目）が韶山に訪問した際の写真。同館の壁も定期的に修復されている。

2010年11月17日、毛沢東の孫の毛新宇（左から2人目）、妻の劉浜、子女との写真。翌年、習近平も訪問している。

同館付近の民家に見えるこの建物は監視カメラ付きの武装警察部隊の詰所になっている。軽率な行動はくれぐれも慎むように。

華南地方

韶山毛沢東同志紀念館・生平展区の入口から、館内の毛沢東座像が見える。同館の専題展区は近くにあるので、地図で確認しよう。

1921年6月、毛沢東が何叔衡と長沙の埠頭から上海で開催される中国共産党第一次代表大会へ向かう場面を再現。

秋収蜂起の後、毛沢東率いる部隊は井崗山で武装闘争を始め、政権を武力で奪取する革命の道を歩むことになる。

中国工農紅軍第四軍の軍旗、武器、毛沢東の有名な戦術の説明が展示されている。井崗山での主な食糧は紅米とカボチャだった。

館内の様子。1939年6月1日に撮影された毛沢東が中国人民抗日軍政大学成立3周年紀念大会での講話の写真も展示されていた。

1945年4月23日から6月11日にかけて延安で行われた中国共産党第七次全国代表大会の写真。毛沢東思想が党の指針となった。

館内には国共内戦時の石家荘の西柏坡の作戦指揮室も再現されていた。三大戦役の戦略の概略図も貼られていた。

1949年に毛沢東が北平(現在の北京)へ入城した際に乗っていたジープ。近くには開国大典の際に使った礼砲も展示。両方とも複製品。

1949年10月1日に天安門で中華人民共和国の成立を宣言した開国大典の場面を再現。毛沢東の後ろには左から周恩来、朱徳、劉少奇、宋慶齢、李済深、張瀾、高崗の等身大人形が並ぶ。天安門広場に集まった群衆の様子は絵画で表現されている。館内屈指の気合の入った展示であり、記念撮影スポットとして人気がある。

建国翌年に勃発した朝鮮戦争で、中国は抗美（アメリカに抵抗）、北朝鮮を援助。おかげで人民解放軍の台湾攻略が一時停止された。

1966年に毛沢東が発動した文化大革命は国家にとって、深刻な災難だと述べるが、館内に大躍進についての記述は見られず。

1976年、後継者の華国鋒と握手をする毛沢東。華国鋒の笑顔に対して、毛沢東のどことなく不安そうな表情が気になるところだ。

毛沢東の死後の天安門広場の様子。天安門の垂れ幕には「偉大な指導者の毛沢東主席の追悼大会」と大書されていた。

華南地方

韶山毛沢東同志紀念館・専題展区の入口。こちらの施設名も揮毫した人物の名前が書かれていないが、鄧小平の手によるものだ。

毛沢東の詩、文章、題詞、書法についての解説。偉大な革命指導者の堅い信念、傑出した才能の結晶といった、賛辞が延々と書かれている。

有名な人民日報だけでなく、光明日報、解放軍報、紅旗、中国婦女、湖南日報といった媒体の題字も毛沢東が揮毫している。

英烈忠魂・毛主席一家六烈士とは、革命の道半ばで犠牲になった、毛沢東の6人の親族の毛沢民・毛沢覃・毛沢建・楊開慧・毛楚雄・毛岸英だ。

毛沢建は毛沢東の両親の養女で、1905年に韶山で生まれ、女遊撃隊長として活躍。1929年、湖南省衡山県で獄死。享年24。

毛沢東の2番目の妻の楊開慧。1901年に長沙で生まれ、1921年に入党、1930年、長沙で獄死。享年29。

第4章

毛楚雄は毛沢覃の子で、毛沢東の甥にあたる。1946年8月に陝西省で国民党軍によって殺害される。享年19。

毛沢東を題材にした連続ドラマ。毛沢東の4人の妻（羅一秀、楊開慧、賀子珍、江青）が各作品でどのように描かれているのか興味がある。

江沢民政権時の1997年に返還された香港や、胡錦涛政権時の2008年に開催された北京オリンピックについて紹介。

毛沢東（右）と長男の毛岸英の像。タイトルは「送子出征」となっており、朝鮮戦争へ出征する息子を見送る毛沢東だ。

毛岸英は朝鮮戦争中の1950年に戦死。卵チャーハンを調理中に米軍に爆撃されて死亡した説もあるが、館内に死因は表記されず。享年28。

1978年12月に挙行された中国共産党第十一期中央委員会第三回全体会議では、鄧小平が改革開放路線を決定づけた。

習近平国家主席が少数民族の児童に囲まれて、満面の笑顔になっている。共産党聖地ではよく見かける写真だ。

華南地方

「中国出了個毛沢東」と大書されている。毛沢東を讃える「東方紅」という中国人なら誰でも知っている歌曲の歌詞だ。

毛沢東広場の毛沢東像前には、習近平政権のスローガンの「不忘初心・牢記使命」（初心を忘れず、使命を胸に刻む）のボードが並ぶ。

毛沢東広場では、記念日の児童の歌唱大会、人民解放軍の集合写真撮影、集団結婚式など、多岐にわたるイベントが開催される。

韶山毛氏始祖の毛太華（1341-1370）の肖像画。江西吉安から戦乱を避け雲南永勝へ移り、子供の毛清一、毛清四が韶山に定住。

毛沢東像の台座には、「毛澤東同志　江沢民　一九九二年　十一月二十四日」と書かれていた。こんな所にも江沢民の揮毫があった。

1763年に建立された毛家の先祖を祭る毛氏宗祠。1925年、楊開慧が韶山で農民運動を展開、農民夜校を開校している。

毛沢東が少年時代に、貧農の毛承文が強欲な地主によって、拘束された。毛沢東は地元の農民と団結して、毛承文を救出した。

第 4 章

毛新宇は毛岸青（毛沢東の次男）の息子で、家系図の最後には毛新宇の息子の東東、娘の甜懿の名前も書かれている。

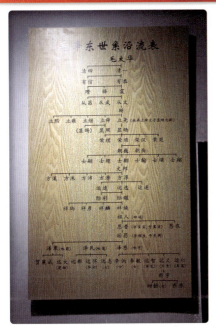

毛太華から始まる韶山毛氏の家系図。毛沢東には10人前後の子供がいたが、建国後まで生き残ったのは毛岸英、毛岸青、李敏、李訥の4人。

1986年、毛岸青（前列左から6番目）、婦人の邵華（前列左から3番目）、毛新宇（二列目の中心）が韶山に訪問。

毛沢東の像、肖像画や人民帽といった、中国共産党聖地では定番のグッズが店頭に並ぶ。現地タクシーの車内にも毛沢東グッズが見られた。

「毛沢東大事記」（毛沢東の生涯のハイライトシーン）シリーズのハガキが豊富なラインナップで展開。毛沢東マニアなら、全種類制覇だ！

敷地内の売店では、湖南省長沙市の名物料理の臭豆腐も販売。一般的な日本人は拒絶する独特の匂いを放つが、筆者の好物だ。

最寄りの高速鉄道の韶山南駅。それほど大きい駅ではないが、構内ではしっかり毛沢東グッズも販売されていた。

華南地方

毛沢東像マニア

重慶市重慶医科大学

新疆ウイグル自治区カシュガル市の人民広場

河南省洛陽市王城公園

　中国で毛沢東像はありふれた光景だろう。しかし各地で毛沢東像を撮影していると、スタンダードなものとレアものの存在に気付く。本項では、筆者が撮影した毛沢東の立像、数が少ないであろう座像、群像と巨大な青年毛沢東の芸術彫刻を紹介したい。
　トップバッターは重慶市の重慶医科大学の中国一大きい毛沢東像だ。高さ20m、台座を含めると37m、詳細は『重慶マニア』（近堂彰一著、パブリブ社）をご覧いただきたい。現地へ訪問してみると、校内に入ってから台座に向かうルートが不明瞭で、周辺には廃墟もあることから、まともに観光客を誘致する意思を感じられなかった。拙作『中国遊園地大図鑑 西部編』でも紹介した新疆ウイグル自治区カシュガル市の人民広場（人民公園の北側）にも毛沢東像がある。カシュガル市の住民はウイグル族といった少数民族の割合が非常に多く、現地の毛沢東像は当局による新疆支配の象徴でもある。人民広場には武装警察の隊員と車両が並び、他の地域にはない新疆の治安状況について考えさせられる。中国各地の公園も毛沢東像が目撃されるポイントだ。
　河南省洛陽市の王城公園の毛沢東像は白い立像、園内には筆者好みの脱力系のお化け屋敷や遊具が見られる。古都洛陽の郊外には有名な龍門石窟もあり、観光に疲れたら王城公園でリラックスしてみよう。
　拙作『中国抗日博物館大図鑑』に掲載した山西省長治市の八路軍太行紀念館の館内の毛沢東像は

山西省長治市八路軍太行紀念館

山西省長治市八路軍文化園

湖南省長沙市の長距離バス亭

湖南省韶山市毛沢東同志故居

腰に手を当てているが、これもスタンダードなポーズである。手足はあえて荒い仕上がりだが、後ろには紅軍彫塑中国と大書されるだけあって、完成度は高い。八路軍太行紀念館の隣にある八路軍文化園の土産店には、白い毛沢東像が設置されていた。この像は商品なのか記憶が定かではないが、紅色旅遊景点では手頃なサイズの記念品の毛沢東像が販売されていることがある。ちなみに筆者は北京留学中、一緒に留学していた後輩の誕生日に毛沢東の胸像をプレゼントしたところ、大喜びしていた。本書の読者なら、現地で購入してみてはいかがだろうか？　筆者の後輩のような共産趣味者への贈り物にも是非、おすすめしたい！

　湖南省は毛沢東の出身地ということもあり、他の地域と比較して毛沢東像が非常に多く感じる。湖南省長沙市の長沙南バスターミナルから韶山市へ向かう際、カウンターで金色の毛沢東像と「為人民服務　毛沢東」と大書されたスローガンを撮影。134ページで紹介した湖南省韶山市の毛沢東同志故居には毛沢東の少年時代の像がある。毛沢東の生家ならではの像で、おそらく他の場所では見られないレアな像のはずだ。ちなみに長沙から韶山へは長距離バスだと片道所要1時間30分くらいかかるので、スピードを重視するなら高速鉄道（片道30分程度）で移動するのがベストだ。韶山は田舎なのだが、中国政府の紅色旅遊景点の発展のために、高速鉄道まで開通させる情熱に驚くことだろう。

遼寧省撫順市撫順煤鉱博物館

広東省広州市広州タワー

湖南省韶山市毛沢東同志紀念館・生平展区

　中国各地で毛沢東像を撮影していると、ほとんどが立像で座像はかなり少ないことに気付く。「偉大な指導者には人民を力強く導いてほしい」という願いから立像が多いのかと推察している。076ページに掲載した遼寧省撫順市の撫順煤鉱博物館の毛沢東座像は炭鉱という場所柄、石炭を手にして眺めているように見える。1958年2月13日に毛沢東自ら撫順煤鉱博物館へ訪問していることから、台座には「情沢煤都」「毛沢東の訪問を懐かしみ、共産党へ感謝します」と当局への歯の浮くようなお世辞が書かれている。本文でも紹介したが、このような施設では珍しく、文化大革命で鉱区の秩序が深刻なダメージを受けたと述べられているのだが……。かつて東京タワーに蝋人形館があったように、広東省広州市の広州タワーには広州名人蝋像館があり、館内の毛沢東の蝋人形は座像になっている。隣には記念撮影用の椅子があり、来館者が毛沢東とのツーショットも可能なのは蝋人形館ならでは。筆者も毛沢東とのツーショットを撮影している。基本的に筆者は取材中、単独で行動しているので、カメラのセルフタイマーと三脚での撮影になる。湖南省韶山市の毛沢東同志紀念館・生平展区の入口では、白い毛沢東座像が訪問客を出迎える。朝日と万里の長城がバックに描かれており、毛沢東や中国共産党を讃える『東方紅』という有名な歌曲を示しているのだろう。紅色旅遊景点では屋外に展示された戦車によじ登る子供といった緩い光景が見られるが、さすがに同館は厳粛な雰囲気で覆われている。

江西省九江市廬山風景区

湖南省長沙市長沙世界之窓

重慶市両江国際影視城

　毛沢東像は基本的に単独の立像がほとんどなので、複数の人物が並んでいる群像もレアだ。江西省九江市の廬山風景区は130ページの廬山会議旧址で述べたように、廬山は中国共産党の指導者にも避暑地として愛されており、著名な幹部の別荘も点在している。廬山風景区の毛沢東と周恩来の像に注目すると、かなりリラックスした表情というのがわかる。暑い時期に避暑地に来れば笑顔にもなるものだろう。湖南省長沙市のテーマパーク・長沙世界之窓では珍しく毛沢東と劉少奇の像が並んでいた。左から賀竜、任弼時、毛沢東、劉少奇、彭徳懐、羅栄桓となっており、湖南省出身の政治家・軍人でまとまっているのが特徴だ。テーマパークらしく、民衆・軍人のレリーフの後ろにはバンジージャンプの支柱が見える。日本ではありえないのだが、中国の娯楽施設では中国共産党の方針が密接に関わっている。

　重慶市の両江国際影視城は中華民国時代の重慶を再現した撮影所だ。敷地内の大世界蝋像館という蝋人形館では、筆者取材当時はドナルド・トランプと金正恩が重慶名物の火鍋を囲んでいたのはご愛嬌だが、中国の指導者の蝋人形も展示されている。同館入口には毛沢東、孫文の妻の宋慶齢、孫文、蒋介石が総統府を背景にフランクな表情で会談している。群像の一形態としてカウントしたが、そもそも毛沢東が孫文と直接、出会ったことがあったのだろうか？　蝋人形館は実際には有り得ない人物同士の組み合わせも魅力なので、このようなツッコミは野暮というものである。

湖南省長沙市橘子洲

　湖南省の毛沢東像の中でも異彩を放っているのは、青年毛沢東の芸術彫刻だろう。32ｍの高さはモデルにした毛沢東の32歳の年齢に由来し、重慶医科大学の中国一大きい毛沢東像よりも少し低いのだが、長さ83ｍ、幅41ｍと絶大なインパクトだ。肩幅がやたらと広い……。実物よりも毛髪量が多いどころではなく、2倍は増毛されている印象だ。像の材料の質感、色調の統一、堅牢さを重視し、8,000個以上の福建省産の花崗岩を組み立て、総重量は2,000ｔ以上！　青年毛沢東の芸術彫刻は湖南省の政府によって、2007年から2009年にかけて建造されている。1925年、32歳だった毛沢東は長沙市で革命事業に奔走中、橘子洲に訪れて『沁園春・長沙』という詞を作っている。ガイドブックの地球の歩き方シリーズの『世界のすごい巨像』によると、「アクセスは長沙市の地下鉄2号線橘子洲駅から徒歩約40分。駅は南北約5kmある中洲の中ほどにあり、像は最南端。がんばって歩こう」などと訪問しようとする読者をうんざりさせられることが述べられているが、実際には橘子洲駅近くから有料の電動カートが運行されているので安心してほしい。中国にはやたらと広大な敷地面積の観光施設が多く、まともに徒歩で観光すると時間と体力を浪費することがある。こういう場合、体力によほど自信がなければ、小銭をケチってはいけない。昼間はあきらかに人気スポットと思われ、ライトアップされた夜間に撮影することをおすすめしたい。読者諸兄も中国観光の際に毛沢東像を見たら、カメラを向けてみてはいかがだろうか？

コラム

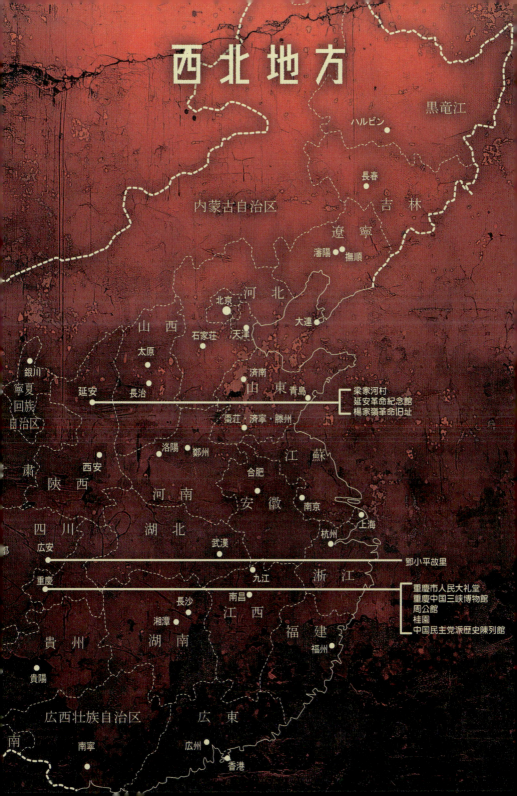

若き日の習近平が下放された僻地に大勢の観光客が訪問

梁家河村

- 読 りょうかかむら
- 簡 梁家河村
- 発 リャンジャーハーツン
- 📍 陝西省延安市延川県文安驿鎮
- 🚌 延安站から車を手配する、もしくは延安発の現地ツアーに参加する
- 💰 無料
- 🕐 08:00 ～ 18:00
- ❌ とくになし
- 🏛 2012 年
- 💻 とくになし
- 📖 とくになし

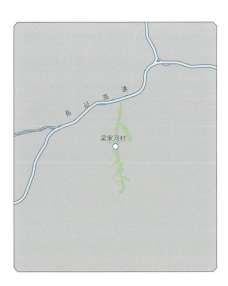

●文化大革命によって下放された若き日の習近平

習近平の父親の習仲勲は中国建国の功労者の1人で副総理にまでなっていたが、文化大革命の時期から16年間も拘束される。1969年1月、15歳だった習近平は「知識青年」「反革命分子の子供」として約7年間、陝西省の延川県にある梁家河村へ下放される。習近平は多感な青春の時期に農村での重労働に従事し、時には政治的差別をうけたが、村内で頭角を現し20歳の時に共産党への入党を認められた。習近平は共産党高級幹部子弟の「太子党」ということもあり、その後は順調に出世コースを歩むが、農村での経験を「自分の原点」と語っている。1988年にはアモイ市委常委、副市長だった習近平は電気が通っていなかった梁家河村に電線を引いて村人から感謝されており、恩人には人情が厚いと評されているものの、政敵には情け容赦がない側面もある。文化大革命の反省から鄧小平が権力を握ってからは歴代最高指導者の個人崇拝が弱まっているのだが、習近平はかつての毛沢東のように個人崇拝を強め、2018年には国家主席の2期10年の任期制度を撤廃。今後も激動が予想される国際社会の中、良くも悪くも中国の現役最高指導者の一挙手一投足には目が離せないだろう。

●開発が進む僻地の観光地だが……

梁家河村は習近平が総書記に就任した2012年から観光地、教育基地としての開発が進み、2015年には延安と延川を結ぶ長延高速（将来的には長治から延安までつなげる予定の高速道路）が開通してアクセスが便利になる。同村が革命聖地の延安市に所属することから、近年は大勢の観光客の訪問があり、八路軍兵士のコスプレをしたツアーグループも見られる。しかしその割には外国人の観光には用心しているのか、筆者は2019年に訪問したところ、入口の接待服務中心で黒服の特殊警察に監視カメラのモニターが並ぶ部屋に連行された。パスポートを確認されたものの事なきを得たが、中国語ができない人間は延安の旅行会社でガイドを手配し同行する方が無難ではないだろうか？　入口から電動カートに乗って入村し、習近平が村民と掘削した知青井、村の歴史を紹介する梁家河村史館、習近平が実際に住んでいた知青旧居といった施設を見学しよう。それほど広い村ではないので、1時間くらいで見学は終了するはず。夏の延安は涼しく快適に感じるが、冬はかなり寒い気候なので、服装には注意が必要だ。

●最寄駅からでも非常に遠い

筆者は高速鉄道の延安駅近くにあった山丹丹志願者服務站で、車とドライバーを手配して梁家河村へ訪問。延安市内から高速道路を使っても片道、1～2時間は必須だ。高速鉄道に乗車すれば西安からの日帰り観光も可能かもしれないが、ここはやはり延安で最低でも1泊して、後述の市内の革命聖地への訪問を検討してもらいたい。

西北地方

梁家河村の玄関口の接待服務中心。夏休み期間ともなると、目の前の駐車場に自家用車やツアーバスがかなり目撃された。

電動カートから下車して村内に向かう八路軍のコスプレをしたツアー客。各自、折り畳み椅子を所持していた。村内には学生のツアー客も見られた。

梁家河村のガイドマップ。それほど広い村ではなく、見どころも限られているので、見学だけなら短時間で終了するはず。

かつて梁家河村の村民は不衛生な川の水を飲んでいたが、1973年に習近平が村民を指揮して掘削した知青井。近年までの飲用水源だった。

広場の習近平のメッセージで、「陝西は根　延安は魂　延川は私の第二の故郷」と大書されている。周辺には梁家河村史館、村委会、便利店といった施設がある。習近平は梁家河村の変化（道路の舗装、ネット環境の構築、村民の医療保険加入、児童の教育の改善など）は改革開放以来の中国の社会発展の縮図だと自賛している。

第5章

2012 年に梁家河村小学校旧址をリノベーションした梁家河村史館。主に下放された知青（知識青年）や村での習近平について紹介している。

1969 年、私の人生の第一歩は梁家河村に到着したことだ。ここで 7 年を過ごす。当時、私は村を去ったが、心はここに残っている。習近平

観光地として開発する前の梁家河村の遠望で、辺鄙な寒村といった印象をうける。習近平のおかげで周辺の村にも電気が通った。

写真左から北京知青の雷平生、習近平、陶海粟、雷榕生。1973 年に延川で撮影された記念写真を展示している。

1975 年 10 月に撮影された大学入学前の習近平（前列中央）と梁家河村の群衆との記念写真。当時の習近平はスマートな体型だった。

2009 年 11 月 13 日、延安に訪問した習近平は元梁家河村支部書記の梁玉明、当時の書記の石春陽らと会見した。

習近平は梁家河村へ 1993 年と 2015 年に再訪し、村人と交流して往時を懐かしんでいた。写真は 2015 年に撮影。

西北地方

村内には3ヶ所の知青旧居があり、習近平が1971年10月から1975年10月まで生活していた旧居。陝西省や周辺地域で見られる窰洞（ヤオトン）という伝統的な住居で、崖を掘り抜いて居室を作り、レンガで入口を設置している。夏は涼しく、冬は暖かいが、湿気が多い欠点もある。習近平は夜遅くまで読書を楽しんでいた。

知青旧居の内部。カマドで煮炊きした熱を寝台の床暖房に利用する炕（オンドル）が設置されている。炕は中国の寒冷地域や朝鮮半島で見られ、筆者も吉林省で使ったことがあるが、冬季でも非常に快適に就寝することが可能だ。室内には若き日の習近平の写真が展示され、壁には当時の雰囲気を出そうと70年代の人民日報が貼られていた。

1974年以前、村民は生活用品をかなり離れた延川県城で購入して不便を強いられていたが、習近平が村内に設置した小売店の内部。

習近平が1969年1月から1971年4月まで生活をしていた知青旧居。当時の習近平は非常に礼儀正しかったと解説文に書かれていた。

梁家河村のガイドマップで二号旧居と紹介されていた建物。内部には若き日の習近平の写真が展示されているが、他の場所のものと同じ。

2013年8月、村内に健身広場、8セットの健身器材、2本のバスケットボールのゴールが設置されたと梁家河村史館で述べられていた。

現在の梁家河村民は窰洞ではなくてレンガ造りの住居で生活をしている。太陽光発電の街灯もあり、生活環境の改善が見られる。

習近平の梁家河村での生活に関する書籍や村の伝統工芸品をお土産として販売していた小売店。村内では特産品の粟も購入可能。

二号旧居周辺の新華書店の内部。司馬遷の『史記』、曹雪芹の『紅楼夢』、魯迅の作品集といったお堅い内容の書籍が並んでいた。

延安駅近くで筆者が延安〜梁家河の往復の車と運転手を手配した山丹丹志願者服務站。価格は当時、600元（約12,600円）＋高速道路代金。

西北地方

毛沢東に権力を集中させた整風運動による思想教育

延安革命紀念館

- 読　えんあんかくめいきねんかん
- 簡　延安革命纪念馆
- 発　イェンアングァミンジーニェングァン
- 📍　陕西省延安市宝塔区圣地路 9 号
- 🚍　「延安站」からＫ 7、Ｋ 12、K13 路のバスで「延安革命纪念馆」下車
- 　無料
- 🕗　4 月〜10 月　08:00〜17:00　11 月〜3 月　08:00〜16:00
- ❌　とくになし
- 　1950 年
- 　http://www.yagmjng.com/
- BOOK　必須

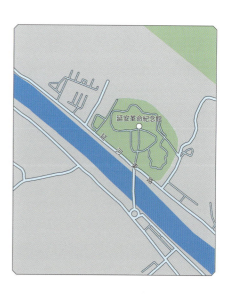

第 5 章

●整風運動で権力を手にする毛沢東

中国共産党の創設メンバーの1人の張国燾は、長征中に毛沢東と対立し、1938年に延安を脱出、離党している。抗日戦争勃発後、中国共産党員が激増し、組織の引き締めが必要になっていたことから、1942年に整風運動が始まった。その実態は、毛沢東に従わない層の弾圧・粛清に利用され、コミンテルン派の王明、博古、張聞天は党内の地位が低下した。のちに王明はソ連へ亡命、博古は航空事故で他界している。毛沢東は劉少奇、高崗、林彪、康生を陣営に組み入れ、周恩来、朱徳、彭徳懐の影響力を削ぐことに成功し、党内で絶対的権力を手にする。整風運動での周恩来は、屈辱的な自己批判を行い、毛沢東に忠誠を誓わされている。彭徳懐は百団大戦の責任問題を蒸し返され、批判されていた。劉少奇が「毛沢東思想」という言葉を初めて使ったことから、毛沢東の神格化が始まったと言えるだろう。康生は延安に集まった若者たちの共産党批判を封じ、自己批判や冤罪で罪なき人間を弾圧し、4万人の活動家の排除と数百人の処刑をし、文化大革命でも多くの幹部を粛清することになる。だが、整風運動が生み出した強烈な使命感と恐怖感によって、中国共産党の統率力が格段に向上したのも事実である。日中戦争で多くの戦争犯罪を行った日本軍、組織的腐敗が解決しなかった国民党軍よりも中国共産党は当時の民衆のニーズに応えたことが、民衆から支持された要因ではないだろうか？

●最初期に成立した革命紀念館

延安革命紀念館は1950年に成立していることから、中国建国後の最初期に建設された革命紀念館の1つである。現在は全国愛国主義教育示範基地、国家一級博物館、国家5A級旅遊景区に認定されている。紅色旅遊のスポットとしても大人気で、入口の毛沢東像前では早朝から八路軍のコスプレをしたツアー客が記念撮影をしていた。入館すると、広いエントランスには「1935-1948」延安と大書されたレリーフがあり、毛沢東ら五大書記、延安に訪問した著名な外国人がセットになった群像が設置されていた。館内は長征のルート、西北革命根拠地、抗日戦争中の八路軍の活躍の解説、当時の延安での生活風景を再現、日本軍の延安爆撃の被害状況もまとめられている。当然ながら、整風運動や毛沢東思想についてのネガティブな部分については述べられていない。後半は国共内戦の状況についての解説があり、中国歴代指導者による延安精神の論評、開国大典の油彩画で締めくくられていた。時間に余裕があれば、館内の記念品店もチェックしておこう。

●延安でも必見の紅色旅遊景区

延安駅から同館までタクシーだと所用20分前後。スケジュールの都合で西安から日帰りで延安に訪れることになる場合、後述の楊家嶺と同館の見学ははずさないようにしておきたい、中国屈指の共産党聖地だ。

西北地方

延安革命紀念館と毛沢東像の前で記念撮影をする八路軍のコスプレをしたツアー客。小中学校の教員向け愛国教育ツアーのようだ。

エントランスの「1935-1948」延安のレリーフには宝塔山と窰洞が描かれて、館内でも大人気の記念撮影スポットになっていた。

群像の中央は五大書記が並び、左から任弼時、劉少奇、毛沢東、朱徳、周恩来が配置され、献花が捧げられていた。珍しいことに延安を訪問した外国人の像もあり、左側で本を開いているのが『中国の赤い星』の著者のエドガー・スノー、右側にはアグネス・スメドレーやカナダ人医師のノーマン・ベチューンも見られた。

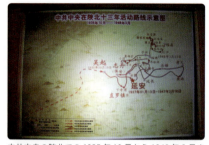
中共中央の陝北での1935年10月から1948年3月までの活動路線の概略図。国民党軍に何度も攻撃され、死闘を繰り広げていた。

陝甘辺ソヴィエト政府主席の習仲勲。建国の功労者でありながら文化大革命で迫害されたが、習近平の父親ということで、再評価されている。

第5章

中国工農紅軍の長征ルートの概略図。当初は行き当たりばったりで、内ゲバも絶えず、多大な犠牲者が発生した。

貴州省の遵義会議会址。1935年1月に開催された遵義会議で、毛沢東は中共中央と紅軍の指導的地位を確立したと書かれている。

長征の難所だった四川省の大草原。食糧は不足し、湿原の水は腐っており、紅軍兵士は革帯を煮て飢えを凌ぐ。夏季でも低温で凍死者が続出。

1935年10月19日、中共中央率いる紅軍は長征の末に西北根拠地の呉起鎮に到着。党内で待遇格差があり、幹部クラスは全員、生存。

長征後に陝北に到着したばかりの毛沢東、張聞天、周恩来。整風運動で張聞天は批判にさらされ、毛沢東に対抗できる力を失った。

1935年11月の直羅鎮戦役を再現。呉起鎮を攻撃しようとした国民党軍を紅軍が直羅鎮（現在の延安市）で包囲殲滅した戦闘だ。

ボディビルダーのような微笑みで団結する5人の紅軍兵士の彫像。後ろに掲げられているのは、中国工農紅軍の軍旗だ。

陝北遊撃隊が使用していた小銃、大刀、槍の穂先、軍用カバンなどが展示されていた。軍隊としては装備が貧弱で、近接武器が多い。

西北地方

延安の毛沢東一派は危機的状況だったが、1936年末の西安事件で第二次国共合作が成立。館内には立役者の張学良、楊虎城の写真も展示。

1937年の延安の様子を再現した模型。宝塔山や城壁内には毛沢東、朱徳、周恩来、張聞天といった指導者の住居も示されていた。

左には陝甘寧辺区政府副主席の張国燾の写真が展示。張国燾は長征中に紅軍を分裂させ、後に国民党へ転向、中国共産党から除名される。

毛沢東は1938年に有名な「持久戦論」を発表し、日本軍は長期戦に耐えられないと喝破していた。毛沢東は非常に優れた軍略家だった。

延安の模型の前で解説をする女児。胸のワッペンには「延安職業技術学院」と書かれており、地元住民の愛国教育の一環なのだろう。

陝甘寧辺区第二届参議会議長の高崗が中央に写っている。中国建国後の高崗は実質、満洲の支配者だったが、毛沢東に粛清される。

1940年の八路軍百団大戦戦績統計表には八路軍の具体的な犠牲者数は未表記。毛沢東は「党を危険にさらす行為」として批判的だった。

第5章

日本軍の軍用機による爆撃後の延安城の様子。日本軍も直接、僻地の延安を攻撃することはできなかったようだ。

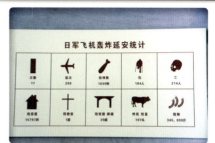

日本軍による延安爆撃の被害の統計によると、17回の爆撃によって、1,690発の爆弾が投下され、214名が死亡しているとのこと。

館内には当時の延安新市場を再現し、商務会、写真館、理髪店といった施設を展示。1941年から国民党軍は陝甘寧辺区の経済封鎖をしていた。

延安新市場の鉄匠鋪（鍛冶屋）では、職人が農具を製造している様子を再現。延安は人口が急増したことから、食糧増産は死活問題だった。

振華造紙場の工人による紙の生産。1937年に延安で光華書店（現在の新華書店の前身）が設立されたことから、紙の需要も多かった。

延安市郊外の延長石油場。延長県七里村では、中国内陸部で初めて油井が設置される。筆者が延長県を通過すると、現在も石油が採掘されていた。

「刺殺訓練」の四文字だけで写真撮影された時期や場所は明記されていないが、八路軍の銃剣の訓練風景と思われる。

毛沢東はペン（プロパガンダ）の重要性を理解しており、延安では多くの文芸社団が林立、文学や芸術が政治に利用されていた。

西北地方

朱徳と児童の写真。延安には洛杉磯託児所という幼稚園があり、制服を着用していた児童の写真も展示されていた。

毛沢東とカナダ人医師のノーマン・ベチューンの油彩画。ベチューンは八路軍の医療技術向上に多大な貢献をしている。

延安の日本人捕虜で編成された日本工農学校、日本人民解放同盟延安支部、日本共産主義者同盟の集合写真。帰国前の1945年9月に撮影。

1942年から1945年まで行われた整風運動とは、ソ連のマルクス主義からの思想解放運動で、自己批判と錯誤の修正が要求されたとのこと。

任弼時(右)とソ連人医師のアーロフ。中国ドラマの『大決戦』では、アーロフは毛沢東に十分な休息と煙草の本数を減らすことを提案していた。

陝北での周恩来とアメリカの記者のエドガー・スノー。知的な周恩来はアグネス・スメドレーなど外国人記者からも絶大な人気があった。

延安での毛沢東の愛馬の小青馬。建国後は北京動物園で飼育されたが、1962年に老衰で死亡し、剥製にされて1964年に同館へ寄贈。

中国の歴代指導者のよる延安精神の論評。延安精神とは、中国共産党を創造した革命精神で、自力更生や刻苦奮闘が重要視された。

第5章

劉少奇の経歴・功績は共産党聖地でほぼ述べられていないが、整風運動では周恩来を批判していた。文化大革命では、この2人の立場が逆転した。

彭徳懐は整風運動中、満座の中で懺悔させられた。国共内戦、朝鮮戦争でも活躍し初代国防部長に就任するも、文化大革命中に迫害死。

抗日戦争後の重慶談判で撮影された毛沢東と蒋介石の写真。後列左側には蒋介石の長男の蒋経国の姿が見られる。

中国人民解放軍主力部隊序列（1947年7月～1949年3月）には、鄧小平、習仲勲、薄一波（薄熙来の父親）の名前も見られた。

開国大典の油彩画。政治的意図があるのか、高崗の姿が見られない。上には毛沢東の揮毫の「人民的勝利」と大書されていた。

様々なバリエーションの毛沢東像を販売。スタンダードなポーズの像だけでなく、わかりにくいが青年毛沢東の芸術彫刻も並んでいた。

西北地方

大生産運動と毛沢東思想確立で、紅色旅遊のマストスポット

楊家嶺革命旧址

- 読　ようかれいかくめいきゅうし
- 簡　杨家岭革命旧址
- 発　ヤンジャーリングァミンジゥヂー
- 📍　陝西省延安市宝塔区杨家岭路 1088 号
- 🚌　「延安站」から 1、8、13 路のバスで「杨家岭」下車
- 💴　無料
- 🕐　08:00～18:00
- ❌　とくになし
- 🏨　不明
- 🌐　https://www.720yun.com/t/54vkimfyg77?scene_id=36260058
- 📕　必須

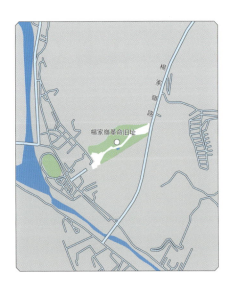

第 5 章

●毛沢東も率先して農作業を実行

中国共産党は 1934 年 10 月上旬に江西省の瑞金の中央根拠地を撤収し、8 万人余りが長征を開始、1935 年 10 月に陝西省の呉起鎮（後に延安に移動）に到着。参加した紅軍の 9 割以上が犠牲になった過酷な行軍だった。第二次国共合作後も中国共産党と国民党の関係は悪化し、延安は経済封鎖される。しかし、毛沢東自らも農作業を行う大生産運動によって、危機的だった食生活を改善。とはいっても、食事はすべて粟（あわ）で、野菜はカボチャがばかりだったという証言もあり、食事内容にも上下関係がはっきり存在した。公式の党史では語られないが、陝甘寧辺区ではケシの栽培もされ、アヘンの収益は党中央の闘争資金にもなっていた。延安での毛沢東は、長征をともに乗り越えた 3 番目の妻の賀子珍をモスクワに追放し、江青を 4 番目の妻にしている。1945 年 4 月から 6 月にかけて、延安の楊家嶺中央大礼堂で中国共産党第七次全国代表大会が開催され、毛沢東思想の全党における指導的地位が確立された。この大会には、日本共産党の代表として野坂参三も登壇していた。延安は国共内戦時の 1947 年 3 月に国民党軍によって陥落されるまで、共産党支配地域の首都だった。現在は高速鉄道も開通し、革命聖地として紅色旅遊のマストスポットとして大勢の観光客が訪れている。

●革命聖地の共産党指導者の旧居

楊家嶺は中国共産党の指導者が 1938 年 11 月から 1947 年 3 月まで生活していた場所で、1943 年には毛沢東らは近くの棗園に転居している。敷地内には毛沢東、劉少奇、周恩来、朱徳、陳雲といった指導者の旧居の窰洞（ヤオトン）が並んでおり、内部も見学が可能だ。共産党聖地としては珍しく、毛沢東と江青のツーショットの写真が展示されている点に注目しておきたい。中国共産党第七次全国代表大会の会場となった中央大礼堂は八路軍のコスプレをしたツアー客の記念撮影スポットとなっており、観光客が特に多い。毛沢東の畑も残されており、現在も職員によって、野菜が栽培されている。毛沢東は延安に取材に来たアグネス・スメドレーにサイコパス的資質を看破されていた。しかし、このような僻地で長年、困難を乗り越えた忍耐力や、国共内戦に勝利した軍事的能力には素直に敬意を表したい。

●革命聖地の歩き方

西安から延安まで高速鉄道を使えば片道約 2 時間半程度で到着可能だ。延安市内には拙作『中国抗日博物館大図鑑』で紹介した宝塔山や後述の延安革命紀念館、筆者の取材スケジュールの都合で訪問できなかった棗園革命旧址といったみどころがある。延安から少々離れているが、若き日の習近平が下放された前述の梁家河村もあるので、西安からの日帰り観光はお勧めできない。革命聖地の延安では、最低でも一泊するスケジュールで紅色旅遊を満喫してほしい。

西北地方

延安市内中心部には、楊家嶺革命旧址、宝塔山、延安革命紀念館、棗園革命旧址、中共中央西北局旧址といった見どころがある。

楊家嶺革命旧址の全景図。中国共産党指導者の旧居と、中国共産党第七次全国代表大会の会場となった中央大礼堂は見学しておきたい。

毛沢東が1938年11月から1943年10月まで楊家嶺で生活していた旧居。当然だが、当時の旧居周辺は護衛兵が警護していた。

楊家嶺の毛沢東旧居内部にあった、時代を感じさせる机。毛沢東本人が実際に使っていたものかどうかの解説はなかった。

楊家嶺での毛沢東と江青と書かれた、共産党聖地の中でもかなり珍しい写真。江青が毛沢東の4番目の正妻になった経緯、その後の中国の政治に与えた影響といったエピソードは一切、表記されていなかった。毛沢東には10人ほどの子どもがおり、末娘の李訥（母親は江青）に対してだけは、愛情深く接したとされる。

第5章

劉少奇が 1942 年 12 月から生活していた旧居。劉少奇は延安で中央軍委副主席、中央組織委員書記、中央研究局局長といった要職を担当。

劉少奇旧居内部のベッド。調度品も必要最低限しかなく、かなり質素だ。劉少奇は毛沢東と同様に、1943 年 10 月、棗園に転居している。

周恩来が 1939 年 5 月に重慶から戻り、延安で生活していた旧居。当時の延安での前述の「整風運動」では、周恩来ですら批判された。

周恩来旧居内部。当時の延安は衛生環境に問題があり、周恩来は「虱撲滅運動」のため、頭を丸刈りにしていた時期もあった。

朱徳旧居内部のベッドは炕（オンドル）になっていた。他の共産党指導者の旧居は簡素なベッドが設置されていたはず。

1940 年 10 月、延安で開催された軍工生産会議に参加した朱徳。写真左から李涛、葉剣英、朱徳、葉季壮、李強となっている。

中共中央統一戦線工作部旧址の外観。この組織は 1939 年から 1949 年まで、王明、彭真、劉少奇、周恩来、李維漢が部長を歴任していた。

劉少奇と周恩来は中央統戦部の部長就任時には中央城市工作部部長を兼任。共産党の指導者は複数の組織のトップを兼任することが多い。

西北地方

1945年に開催された中国共産党第七次全国代表大会の参加者の名簿。当時、中国共産党の党員数は120万人を超えていたとされる。

楊家嶺の中央大礼堂前で記念撮影をする八路軍のコスプレをしたツアー客グループ。この衣装はレンタルなのか、購入したものなのか、気になる。

中央大礼堂内部。垂れ幕には「中国共産党第七次全国代表大会」「毛沢東の旗の下、勝利に向かって前進だ！」と繁体字で大書されている。この大会では毛沢東、劉少奇、周恩来、朱徳、任弼時が中央書記処書記、毛沢東が中央委員会主席に選出されている。毛沢東思想が中国共産党の行動指針となった。

中央大礼堂内部の壇上の毛沢東と朱徳の横顔。当時の朱徳の責任の大きさがうかがい知れる配置となっている。

中国共産党に多大な影響を与えたマルクス、エンゲルス、レーニン、スターリンの横顔。毛沢東や朱徳よりも小さく描かれている。

第5章

毛沢東の畑。農村出身の毛沢東は、延安でトマトや唐辛子を自分で栽培。筆者取材時はナス、トウモロコシといった野菜が栽培されていた。

毛沢東は「革命は、客にごちそうをふるまうことではない」と述べていたが、延安に来た客には自ら栽培した野菜でもてなした。

毛沢東が大生産運動のスローガンの「自己動手 豊衣足食」（自分で手を動かして生活を豊かにしよう）と書いている写真。

健全婦委組織と書かれている。「英雄色を好む」の典型の毛沢東の女性関係は、延安でも健全ではなかったはずだが……。

毛沢東と延安で会見し、絶賛されたカナダ人医師のノーマン・ベチューン（中国名・白求恩）の解説。中国で活躍した期間は短かった。

延安医療集団の敷地内には、ノーマン・ベチューンの像が飾られていた。現在の中国人にここまで尊敬される外国人はかなり珍しい。

楊家嶺で開催されていた陝西省出身の李福愛による剪紙（切り絵細工）農民画展。中国らしく赤い竜や毛沢東といった作品が並んでいた。

遊客中心の記念グッズショップ。毛沢東の顔と「為人民服務」がプリントされたカバン、八路軍の帽子、特産品なのか太鼓も販売されていた。

西北地方

強運と実力で改革開放に生涯を捧げた最高指導者の故郷

鄧小平故里

- 読 とうしょうへいこり
- 簡 邓小平故里
- 発 ドンシャオピングーリー
- 四川省广安市广安区协兴镇牌坊村中心大道
- 广安南站から8路のバスに乗車、邓小平故里北门で下車
- 無料
- 08:30～17:00
- 月曜日には陳列館は休館しているが、入園は可能
- 1989年
- http://www.dxpgl.cn/
- 必須

第5章

●中国の激変を体現した指導者

鄧小平は 1904 年に四川省広安県で生まれ、1920 年にフランスへ留学。在仏中に欧州中国共産主義青年団に入団し、周恩来らと活動を行っていた。フランスからソ連留学の後に 1927 年に帰国し、百色蜂起や長征を経て抗日戦争や国共内戦では晋冀魯豫（しんきろよ）辺区、第二野戦軍の政治委員として中国の建国に多大な貢献をしている。毛沢東が指揮をした大躍進の失敗後、国家主席に就任した劉少奇とともに中国経済の立て直しに成果を出したものの、1966 年から始まった文化大革命で政治的に失脚し、辛酸をなめる。1973 年に党中央委員会として復職したものの、1976 年の周恩来の死去によって失脚、毛沢東の死去によって復活を遂げ、華国鋒から実権を奪ってから中国の最高指導者として辣腕を振るう。鄧小平の外交政策は毛沢東の親米・反ソ路線をより促進させ、アメリカと国交を結ぶ。訪米と訪日によって、中国の立ち遅れた科学技術を目の当たりにし、改革開放を推し進めて中国独自の市場経済への転換を果たしたのが鄧小平の最大の功績だ。1989 年には民主化運動を弾圧する天安門事件を起こしたが、指導者が穏健に交代する制度を実現させ、後任の江沢民を総書記に選出、1997 年に北京で逝去。享年 92。

●鄧小平の資料や遺品が充実

鄧小平はフランス留学後、生家に生涯、戻ることはなかった。1951 年に鄧小平の家族は広安から重慶に移住し、生家は公共食堂や保管室になっていたが、1989 年に広安県鄧小平旧居管理所が設立され、正式に対外開放される。現在の鄧小平故里は国家 5A 級旅遊景区の観光地、愛国主義教育、革命伝統教育の重要な基地となっている。中国の政治家によって植えられた樹木が並ぶ敷地内には鄧小平故居、鄧小平故居陳列館、鄧小平銅像広場、鄧小平緬懐館といった施設が設置されている。鄧小平故居は来園者に特に人気で、家屋の大きさから有力な一族だったと理解できる。陳列館は鄧小平の生涯と意外な人となりが垣間見える必見の展示ではあるが、さすがに天安門事件については一言も触れられていなかった。緬懐館は鄧小平の老後の様子の紹介や遺品が展示されている。中国歴代王朝の建国に携わった功臣は有能でも粛清された人物が多いのだが、鄧小平がここまで穏やかな老後を迎えていることは驚くべきことだろう。

●高速鉄道駅近くには凱旋門

成都東駅から広安南駅まで高速鉄道で片道約 2 時間なので、成都からなら日帰り観光も可能だ。広安南駅から 8 路のバスに乗り、終点の鄧小平故里北門で下車すること。広安南駅から徒歩 10 分くらいの場所（8 路のバスから眺めることも可能）に凱旋門のある西洋風ニュータウンがあるが、鄧小平がフランス留学していたことに由来している可能性大。

西北地方

鄧小平故里の北門。国家 5A 級旅遊景区の敷地内は自然が豊かでさすがに清掃が行き届いており、国家の威信を感じさせる。

広い敷地内には見どころが点在しているが、鄧小平故居、鄧小平故居陳列館、鄧小平銅像広場、鄧小平緬懐館は見逃さないようにしよう。

鄧小平生誕 100 周年となる 2004 年に当時、浙江省委書記だった習近平が自ら植樹と鄧小平の銅像に献花を行っている。

鄧小平は植林活動に力を入れていたため、政治家だけでなく、有力企業も園内で植樹を行っている。写真は自動車メーカーの長安汽車による植樹。

通常、中国の指導者の銅像はほとんどが立像だが、鄧小平銅像広場には珍しく座像が設置されていた。老境に入った鄧小平銅像の表情は非常に穏やかで、足元には献花が捧げられていた。献花を販売する鮮花店があり、サイズによって価格が異なる。園内有数の記念撮影スポットで、有料でコップに記念写真をプリントするサービスもある。

鄧小平故居。鄧小平は少年時代の大部分をこの家で生活していた。鄧小平は客家の家系の裕福な地主の家庭の長男として生まれ、3人の弟と1人の姉、2人の妹がおり、幼少時から非常に賢く、5歳で私塾に入って勉強を始めていた。孫文や蔣介石の妻の宋美齢も客家の出身であり、中国の現代史に客家は多大な影響を与えている。

1904年8月22日、鄧小平は父母の居室だったこの部屋で生まれ、誕生当時の彫刻付きのベッドが現在も保存されている。

鄧小平故居の前にある洗硯池と羅盤田。景色がとても美しい農村と言える。故居の中庭では、農作物を乾燥させていた。

鄧一家の織布室。鄧小平の祖母の戴氏と母親の淡氏は勤労に励む農家の婦女で、彼女達はこの部屋で布を織っていた。

西北地方

鄧小平故居陳列館は四川省東部の民家と現代建築のデザインを融合し、鄧小平の独特な人格と波乱万丈な人生を体現したと解説されていた。

鄧小平のフランス留学、中国共産党への加入、機関誌『赤光』の編集、モスクワ東方大学、モスクワ中山大学への転校の経緯を解説。

鄧小平は上海での地下工作中、何度も危険な目にあったが逮捕されたこともなく、軍隊生活でも負傷したこともなく、稀なことだと語っていた。

鄧小平（左）と劉伯承（右）は抗日戦争や国共内戦で絶妙な連携によって、人民解放軍を勝利へ導いた。彼らの第二野戦軍は劉鄧軍と称された。

鄧小平は1920年にパリへ留学したものの、学費不足で数か月しか学習できず、フランス生活での大部分は工場で勤務していた。

鄧小平いわく、私は1人の軍人で、戦争をすることが仕事だ。25歳には広西の百色蜂起の指揮を執り、国共内戦終結まで闘っていた。

鄧小平が1949年に上海到着後、中共中央上海分局書記の劉暁が贈った腕時計。鄧小平は80年代までずっとこの腕時計を使用していた。

第5章

1956年、52歳で中央委員会総書記に選ばれる。鄧小平は後に、「人生の中で最も多忙な10年間だった」と述べている。

1960年11月、党政府代表団の副団長として訪ソ（団長は劉少奇）。写真前列左から劉少奇、フルシチョフ、鄧小平、彭真。

鄧小平にとって、最も辛かったのは文化大革命の時期だ。劉少奇は党から除名と迫害死、鄧小平は党の職務から解任、長男の鄧樸方は重傷を負う。

鄧小平の最初の妻の張錫瑗は難産で死別、2番目の妻の金維映とは離婚、3番目の妻の卓琳（左）とは幸せな家庭を築いている。

1978年10月、鄧小平が訪日した際に新幹線に乗車。鄧小平は日本の企業に感銘を受け、外資の導入につながった。

鄧小平は権力を掌握してから緩やかに農村と都市で改革開放を進める。鄧小平は経済的には改革派だったが、政治的には頑迷な保守派だった。

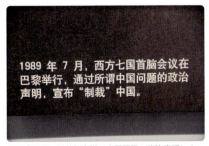

1989年7月、G7首脳会議で中国問題の政治声明によって、「（経済）制裁」を宣布。第二次天安門事件が原因だとは書かれていない。

中央指導者層の新旧交代の完成と紹介。鄧小平は最高指導者の地位を江沢民へ移譲したのだが、習近平は後継者問題をどうするつもりなのか？

西北地方

鄧小平緬懐館のテーマは「小平、您好」となっており、鄧小平の人格的魅力、老後の生活習慣を紹介する展示内容が多い。

鄧小平が提唱した一国二制度について、英国のサッチャー首相が絶賛したコメントを表記。

鄧小平の四川省の峨眉山へ視察時の写真をもとに地元民と交流する様子を原型にした銅像。鄧小平の温和な人柄を感じさせる作風だ。

2004年8月13日、鄧小平生誕100周年を記念して同園の鄧小平銅像の除幕式に登場した胡錦濤前国家主席。

晩年の鄧小平の趣味は海水浴、ビリヤード、散歩、独自の鄧氏体操、スポーツ観戦だった。一般庶民と大差がない嗜好となっている。

鄧小平一家の1940年代から1990年代の様子。大躍進や文化大革命で非業の最期を遂げた共産党幹部も多いなか、鄧小平は非常に幸運。

鄧小平は夏季には北戴河で休暇をとり、海水浴を楽しんでいた。写真は鄧小平が実際に現地で使用していた椅子で、北戴河服務局からの寄贈。

鄧小平が最後に使用した布靴。鄧小平は華美なものより実用的なものを好む性格だと思われ、彼の政策にも反映されている。

第5章

鄧小平の親族から寄贈された本人が使用していた日常の衣装やシャツ、靴下。飾り気がなく、実用性を重視している模様。

2004年8月22日、鄧小平生誕100周年記念の際、大勢の群集が鄧小平故里に押し掛けた様子。毎年8月22日の現地は混雑する可能性大。

鄧小平の後継者の江沢民の揮毫による「鄧小平同志故居」の石碑と記念撮影をする来園者。前述の江沢民の揮毫マニアを参照。

園内の神道碑は清朝の嘉慶年間に、朝廷が鄧小平の祖先である鄧時敏の功徳を表彰するために作られたものであると説明されていた。

『重慶マニア』(近堂彰一著・パブリブ社)によると、広安は重慶市に編入されそうになったが、鄧小平の反対によって、四川省に残留した。

高速鉄道駅の広安南駅近くにある凱旋門付きのニュータウン。テナントや人口が少なく、ゴーストタウンのような雰囲気だったので心配だ。

西北地方

国内外の要人が訪れ鄧小平も関わった重慶を代表する建造物

重慶市人民大礼堂

- 読 じゅうけいしじんみんだいれいどう
- 簡 重庆市人民大礼堂
- 発 チョンチンシーレンミンダーリータン
- 📍 重庆市渝中区人民路 173 号
- 🚌 重庆轨道交通 10 号线「大礼堂」下車
- 💴 8 元（約 168 円）
- 🕐 08:00 ～ 18:00
- ❌ とくになし
- 📅 1954 年
- 💻 http://www.cqdlt.cn/
- 📖 必須

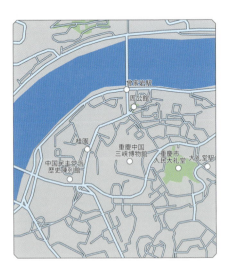

第 5 章

●国共内戦後の重慶での鄧小平

1949年12月1日、国民党軍を打ち破った劉伯承と鄧小平が率いる第二野戦軍は、重慶で入城式を行った。同年12月13日、蔣介石は成都から台湾へ逃れている。毛沢東は通常、地方局の指導者には各地区出身者を選出しており、国共内戦後、四川省出身の劉伯承は西南軍政委員会の主席に就任。同郷の鄧小平は西南局を代表する第一書記として、西南地区の治安や経済、商工業、交通通信、文化教育、医療衛生といった部門の責任を担う。重慶と成都という地域最大の二都市を結ぶ鉄道プロジェクトにも携わり、十八軍の軍長の張国華にチベット侵攻（中国側の観点では平和解放）をさせている。鄧小平は劉伯承と家族ぐるみで親密で、十大元帥（朱徳、彭徳懐、林彪、劉伯承、賀竜、陳毅、羅栄桓、徐向前、聶栄臻、葉剣英）のうち、林彪以外とは良好な関係だった。1951年春、西南地区の指導者の劉伯承、鄧小平、賀竜は数千人を収容できる会議場と招待所の建設を決定し、翌年、西南軍政大会堂の建設に着工。1952年に鄧小平は中央政府副総理に任命され西南地区を離れて北京で勤務し、大幹部の高崗の粛清を担当する。1954年年初に西南軍政大会堂（現在の重慶市人民大礼堂）は竣工し、多くの中国の要人や外国の国家元首も訪問している重慶を代表する建造物となっている。

●会議場、コンサートホール、ホテルが融合した施設

重慶市人民大礼堂の外観は中国と西洋の建築が融合したインパクトのあるデザインで、国家4A級旅遊景区の観光地になっている。入館すると、館内の観客席は4層構造になっており、3,400人以上の観客を収容することが可能だ。重慶市の党大会だけでなく、文化活動も行っており、音楽会やオペラの公演も開催されている。また、重慶大礼堂酒店というホテルも併設されており、外国人も宿泊可能（※中国には外国人が利用できない宿泊施設も多く存在する）のようだ。重慶には洪崖洞のような必見の夜景スポットがあるのだが、同館はアジア20世紀の経典建築に選ばれているだけあって、夜間のライトアップも称賛に値する。重慶の夜景スポットを巡るナイトツアーに同館も組み込まれていることもあるので、現地旅行会社に確認してから参加するのもありだろう。早朝には目の前の重慶人民広場で太極拳、犬の散歩、コマ回しを楽しむ地元住民の姿が見られる。

●情報を更新してほしいアクセス状況

同館へのアクセスは重慶軌道交通10号線の大礼堂駅で下車すれば問題ないのだが、公式HPでは本文執筆中の2025年1月の時点でも最寄の駅は重慶軌道交通2号線の大渓溝駅のA出口から徒歩で約510mと表記されていた。そろそろ最新の情報に更新してほしいところだ。見学後は後述の重慶中国三峡博物館、周公館、桂園や中国民主党派歴史陳列館を巡るのがお勧めだ。

西北地方

重慶人民広場に設置された同館の牌坊。「重慶市人民大礼堂」の題字は四川日報の編集長で書道家だった李半黎の手によるものだ。

同館入口右側にある遊客中心でチケットを購入しよう。6歳以下の児童と65歳以上の高齢者は入館無料とのこと。

同館は重慶市が国内外の要人、賓客を接待する重要な場所の１つである。中国人では毛沢東、劉少奇、周恩来、朱徳、賀竜、陳毅、江沢民、李鵬、朱鎔基といった指導者を接待している。また、外国人ではアメリカのジェラルド・フォード大統領、日本の中曽根康弘首相、海部俊樹首相といった首脳陣を接待している。

入館すると階段、エスカレーター、巨大な柱があるスペースを通過して観客席に向かう。重厚な雰囲気が漂っている。

館内のステージでは、中国の著名な音楽家によるピアノやバイオリンの演奏、ベルリン交響楽団や韓国の民族舞踊といった公演が行われている。

第5章

意外なことに、4層目の観客席まで問題なく見学が可能だった。ステージの上には中国らしい装飾と鳳凰が描かれていた。

西南軍政大会堂の設計方案。1954年4月に西南行政委員会大礼堂、1956年に現在の重慶市人民大礼堂に施設名が変更される。

同館の円形部分は北京の天壇の祈念殿をモチーフにしている。写真は観客席から撮影した円形部分の天井で、入館したら注目しておきたい。

中央バレエ団が演じる『紅色娘子軍』。中国での芸術活動・表現は日本人の想像以上に政治と密接にかかわっている。

飼い主氏の証言によると、写真のトイプードルは父親と娘とのこと。後ろでは年配の地元住民が太極拳を行っていた。

早朝の重慶人民広場では、広いスペースで大勢の住民がコマ回しを楽しむ光景が見られた。各自、一定の間隔をキープしている。

重慶人民広場では、コマ回し用のコマ（注意深く観察すると、大、中、小とサイズが異なる）とムチを貸し出す個人商が目撃された。

西北地方

重慶の歴史と日本軍の爆撃と三峡ダム建設の自画自賛

重慶中国三峡博物館

- 読 じゅうけいちゅうごくさんきょうはくぶつかん
- 簡 重庆中国三峡博物馆
- 発 チョンチンチョングゥオサンシァボーウーグァン
- 📍 重庆市渝中区人民路236号
- 🚇 重庆轨道交通2、10号线「曾家岩」3番出口のすぐ近く
- 💰 無料
- 🕘 09:00～17:00
- ❌ 月曜日
- 🏛 1951年
- 🌐 http://www.3gmuseum.cn/
- 📖 必須

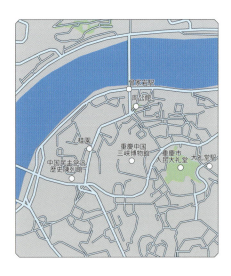

● 120万人以上の住民を移転させた三峡ダム

三峡ダムの建設の構想を最初に打ち出したのは孫文だった。毛沢東は熟慮の末、計画を棚上げしている。鄧小平や李鵬らは三峡ダム建設に積極的だったが、反対論も根強かった。しかし、(第二次)天安門事件で慎重派だった趙紫陽が失脚したことから、批判的な言論は抑圧される。1992年の全人代では出席者2,633名のうち、1/3が三峡プロジェクトに対して反対、批判の立場を採った。全会一致が原則の全人代では異例なことだ。三峡ダムの建設は1993年に着工し、2009年に完成。堤防の高さ185m、長さ約2,000m、ダム湖の長さは約600km、発電量は2,250万kwと中国の年間消費エネルギーの1割にも達する。利用目的には長江の洪水調整や水運の向上もあり、内陸部の重慶まで1万トンの船舶が航行可能になった。一方、建設中から問題も大きく、長江の環境破壊、貴重な文化財の水没、「汚職の温床」として手抜き工事も発生。三峡ダムは湖北省に位置するが、移住が必要となった120万人以上の住民の85%は現在の重慶市に居住していた。三峡ダムの膨大な貯水量から、近年、中国で毎年のように発生する地震や豪雨の原因とも言われている。ダム湖に砂がとどまる堆砂によって河床上昇が起こり、重慶でも洪水が頻発している。メリットもデメリットもある巨大な三峡ダムの建設には、日本や欧州の政財界も関与していたことを忘れてはならない。

● 重慶爆撃と三峡移民の展示は必見

重慶中国三峡博物館は、国家一級博物館であり、重慶市人民大礼堂の向かい側にある。前身の西南博物院は1951年に開館し、2005年に現在の館名でリニューアルオープンしている。建物の正面と天井の一部はガラスのドームで覆われ、エントランスには自然光が差し込んでいる。館内は主に壮麗三峡、重慶の古代史、抗日戦争、20世紀の重慶といった展示コーナーに分類され、中国西南部の少数民族のカラフルな伝統衣装も展示されている。毛沢東と周恩来コンビだけでなく、全国的には数が少ない鄧小平の像があることもチェックしておきたい。古代の化石の展示や三峡に関係のある偉人の解説も面白いが、やはり重慶爆撃や三峡ダム建設での三峡移民についての展示は、見応えがあるので必見だ。抗日戦争での重慶市民の様子は、胸にせまるものがある。また、三峡プロジェクトの解説文は自画自賛ばかりでこれといった反省はなく、当時の写真から三峡移民の悲哀を感じ取ってほしい。

● 重慶市政の重要なスポット

同館は重慶軌道交通2、10号線の曽家岩駅の3番出口のすぐ近くで、わかりやすい。周辺には参観不可だが、重慶市政府の庁舎もあり、政治的にも重要なスポットとなっている。同館は前述の重慶市人民大礼堂と一緒に見学し、時間があれば後述の周公館、桂園や中国民主党派歴史陳列館もコースに入れてみよう。

西北地方

同館は西南博物院→重慶市博物館から現在の重慶中国三峡博物館に改名。単に重慶博物館と呼ばれることもある。

館内1階の壮麗三峡、2階の重慶市之路、遠古巴渝、3階の抗戦歳月、西南民族民俗風情のコーナーは見逃さないようにしたい。

館内エントランスは、天井のガラスのドームから自然光が採りいれられている。4階に分けられているので、興味あるコーナーから見学しよう。

重慶自然博物館から寄贈されたジュラ紀の地層から発掘された重慶魚の化石。近くには亀の化石、珪化木（樹木の化石）も展示されていた。

三峡の気候や動植物についての紹介。豹、狼、猿、鳥類といった動物の剥製を展示。市内北部の重慶自然博物館には恐竜の化石も展示している。

昔、三峡で使われていた船。長江下流から上流へ船で向かう場合、大勢の人間が牽引していたようだ。以前の三峡は水運の難所だった。

長江に縁のあった有名な詩人の像。左から屈原、白居易、杜甫、劉禹錫、李白が並び、漢文の授業で習った人物もいる。

1953年12月、毛沢東は長江治水を考察するための1回目の調査を行った。毛沢東は三峡ダム建設反対派の意見を採用して計画を棚上げした。

1980年7月、鄧小平は三峡プロジェクトの視察に訪問。三峡ダム建設を推進した李鵬はモスクワで水利学を学んでいた。

江沢民が三峡地区へ視察した際の写真。江沢民政権下で総理だった朱鎔基は、三峡プロジェクトに対して、消極的だったとされる。

三峡地区へ視察した胡錦濤のキャリアのスタートは、ダム建設の作業技師だった。写真の若い女性の険しい表情が気になる。

三峡移民の写真。故郷の樹木とともに去る住民や、最後に故郷を一瞥する者もいる。これほど多くの住民を移転させたダム開発はないはずだ。

リッチになった三峡移民の写真。農業や魚の養殖、牧畜で成功したとのこと。住民移転問題は深刻で、汚職の原因の1つだったのだが……。

三峡プロジェクトによる恩恵は、洪水防止、発電、水運の向上、水資源の確保など書かれているが、大きすぎる問題は未表記で客観的ではない。

三峡ダムのジオラマ。せっかくなので、水を流して放水や発電の様子、船舶がどのように通過するのかを再現してほしいところだ。

西北地方

遠古巴渝のコーナーでは、重慶の古代史を紹介。五人合葬墓は性別の構成から、一組の夫婦と家族の子供と推測されている。

西周時代の巫山から出土した土器。紋様から判断すると、当時の高度な文明がうかがえる。周辺には青銅の武器も展示されていた。

3階の抗日戦争のコーナー。1937年11月20日、国民党政権は「国民政府移駐重慶宣言」を発表、以後、重慶は戦時首都となる。

1942年1月5日、蒋介石は重慶で中国戦区最高統帥に就任したと宣布した。当時の重慶は政治、軍事、経済、文化の中心だった。

1940年3月、重慶近郊で中国空軍に撃ち落とされた日本軍の偵察機。重慶爆撃については、拙作『中国抗日博物館大図鑑』をご覧いただきたい。

重慶爆撃後に書かれた「愈炸愈強」のスローガン。「愈」は重慶の略称、「炸」は爆撃の意。重慶市民は長期の爆撃にも負けなかった。

爆撃を避ける防空壕で労働者が生産を堅持していた。現在の重慶では、当時の防空壕が地下通路、火鍋店など様々な用途で再利用される例もある。

1941年6月5日の爆撃、重慶大隧道惨案を表現。長時間におよぶ爆撃によって、防空壕内では酸欠になり、多数の死傷者が発生した。

重慶会談期間中、蔣介石と毛沢東の徳安里官邸でのツーショット。笑顔の蔣介石に対して、毛沢東の顔は緊張しているが、数年後に立場は逆転。

1952年7月1日、成都と重慶を結ぶ成渝鉄路が全線開通し、重慶各界の著名人が記念セレモニーに参加している。

西南民族民俗風情のコーナーでは、四川省、雲南省、広西チワン族自治区、貴州省といった地域で生活する少数民族の紹介をしていた。

重慶会談期間中の毛沢東の周恩来の像。解説文によると、43日間の会談で毛沢東と蔣介石が直接、会談したのは8回だった。

1949年、重慶解放後の西南局第一書記の鄧小平(中央)、西南軍政委員会主席の劉伯承(右)、西南軍区司令員の賀竜(左)の像。

重慶解放初期の解放碑商業区。解放碑には劉伯承が「人民解放紀念碑」と揮毫しており、現在でも重慶屈指の繁華街だ。

4階の歴代磁器のコーナー。重慶は磁器の生産で栄えていた時期もあり、特に清代の磁器はすばらしい逸品が展示されていた。

西北地方

重慶で周恩来が指揮を執った中共中央南方局の拠点

周公館

読	しゅうこうかん
簡	周公馆
発	ジョウゴングァン
📍	重庆市渝中区中山四路曾家岩50号
🚌	重庆轨道交通2、10号线「曾家岩」2番出口のすぐ近く
💰	無料
🕐	09:00 〜 16:30
❌	月曜日
👤	1958年
📷	とくになし
📖	必須

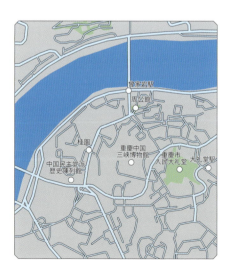

第5章

●抗日戦争中、周恩来の重慶での任務

抗日戦争中、蒋介石は重慶を国民党政権の臨時首都とした。それに伴い、周恩来は 1938 年 12 月に重慶に着任、先に到着していた鄧穎超に迎えられた。周鄧夫婦の事務所兼自宅が曽家岩 50 号で「周公館」と呼ばれており、中共中央南方局と八路軍の重慶における施設だった。2 階は董必武、3 階は葉剣英の事務所兼寝室だったが、2 階の 1 部屋は国民党の劉揺章に貸し出されていた。左右の家は国民党警察署と国民党軍統局局長の戴笠の公館、常に監視の対象で、嫌がらせも深刻化していた。中共中央南方局とは中共の政治組織で、国民党政権との交渉、欧米各国の外交官との交流、長江以南の党内処理といった工作を担当していた。1941 年の皖南事変で国民党軍によって、新四軍（共産党の軍隊）に大量の犠牲者が発生。安全のために延安に戻る指示も出されたが、周恩来は重慶に留まり、国内外の世論に国民党軍を批判させ、新四軍は解散するどころか再編成された。抗日戦争中、周恩来は延安や南方各地を回ることもあったが、多くの時間を重慶で過ごしていた。戦後の重慶会談期間中、毛沢東は同館へ何度も訪問。1946 年 5 月から翌年 3 月まで呉玉章を書記とした中共四川省委の機関となり、「呉公館」と呼ばれていた。

●エピソードの面白さに反して少ない展示物

周公館は 1958 年に一般開放され、翌年、周恩来と一緒に勤務していた董必武が同館の題字を書いている。1961 年に国務院によって第一批全国重点文物保護単位に認定されている。夏季の重慶は蒸し風呂のように暑く、葉剣英は天井に穴をあけ、屋根瓦もはずして空気抜きを作ったこともある。周恩来不在時には林彪が中共中央南方局の指揮を執っていた。同館のエピソードは面白いが、それほど大きい建物ではなく、拙作『中国抗日博物館大図鑑』で紹介した重慶市内の大韓民国臨時政府庁舎よりも小さい。実績がほぼ皆無の韓国光復軍よりも共産党軍の方がはるかに日本軍に打撃を与えているのだが、新四軍と国民党軍との衝突からこのような待遇になったものと推測される。館内の展示物は正直、少なく、想像以上に質素なベッドや机、当時の組織図といったものくらいしか印象に残らないだろう。隣にはカフェや書店があり、嘉陵江の対岸はビルが林立する重慶らしいサイバーパンクな光景が眺められる。

●駅近物件だが、出口には要注意

同館は重慶軌道交通 2、10 号線の曽家岩駅のすぐ近くで、同館前には周恩来の像があるのでわかりやすいのだが、2 番出口以外から出ると、とんでもない場所に出る可能性がある。誇張ではなく、重慶は坂道だらけの街なので仕方がない。同館は前述の重慶市人民大礼堂や重慶中国三峡博物館と一緒に見学し、時間があれば桂園や中国民主党派歴史陳列館にも寄ってみよう。

西北地方

同館前にある周恩来の像。後ろには隣の曽家岩書店の入口が見え、気軽に入ることも可能だ。カフェも営業している。

同館の1階と2階の窓。葉剣英が生活していた3階は屋根裏部屋で、当時は窓がなく、夏季には天井に穴をあけたくなる気持ちが理解できる。

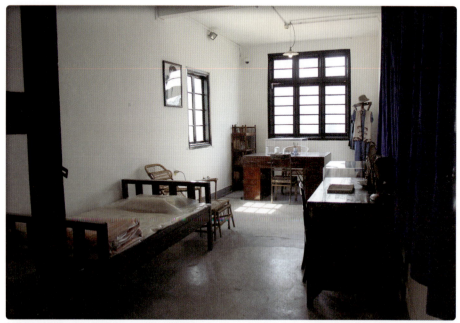

周恩来と鄧穎超の事務所兼寝室。日本軍の重慶爆撃によって、この部屋も損壊。周鄧夫婦は2階に移動したものの、部屋の修復後は戻ってきた。葉剣英の天井の穴によって、この部屋にも雨漏りが発生、周恩来は室内で傘をさして来客に応接していた。ちなみに葉剣英は西安事件の際、周恩来に同行している。

第5章

周恩来と鄧穎超の重慶中山三路263号の前での記念撮影。周恩来の父親、鄧穎超の母親も重慶に来たものの、戦時中に他界している。

周恩来が重慶で活躍をしていた時期の写真。周恩来が延安で右腕の骨折をした際は、蒋介石がソ連への飛行機を手配した。

中共中央南方局の組織図。書記の周恩来を筆頭に、葉剣英、董必武、呉玉章、鄧穎超といったメンバーで構成されていた。

中共中央南方局の工作管轄区のエリア。海を越えた現在の海南省も含み、かなり広範囲の管轄を行っていたことがわかる。

周恩来が中国や海外の友人と会見している場面。周恩来はアメリカやイギリスの大使とも友好的な関係を結んでいた。

戦後の重慶会談期間中、毛沢東が中国や外国の記者と接見している場面。毛沢東は当初、会談への出席を拒否していた。

重慶で周恩来と交流していた郭沫若は戯曲『屈原』で皖南事変を激しく非難。周恩来は学者、文筆家、芸術家といった中間勢力を味方にしていた。

同館に隣接するカフェからの展望。目の前の曽家岩嘉陵江大橋は取材時点では工事中だったが、現在は重慶軌道交通10号線も開通している。

西北地方

毛沢東と蒋介石の最初で最後の出会いの場、重慶会談の現場

桂園

- 読 けいえん
- 簡 桂园
- 発 グイユェン
- 重庆市渝中区中山四路65号
- 重庆轨道交通2、10号线「曾家岩」2番出口から徒歩5～10分
- 無料
- 09:00～16:30
- とくになし
- 1977年
- とくになし
- 必須

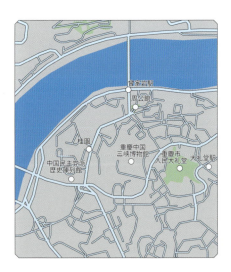

●最初で最後となった、蒋介石と毛沢東の出会い

抗日戦争勝利後に、国民党と中国共産党の内戦を防ぐ目的で重慶会談が開催される。当初、毛沢東は拒絶していたが、周恩来の説得、米国やソ連の圧力もあり、蒋介石からの 3 回目の打診で歴史的な会談を行うことにした。重慶会談は 1945 年 8 月 28 日から 1945 年 10 月 10 日に及び、「双十協定」では「断固として内戦を避ける」ことがうたわれた。蒋介石と毛沢東は、互いの抗日戦争での健闘を讃えたが、これが両雄の最初で最後の出会いとなった。当時の国共両党の課題は、これまで共通の敵だった日本軍の占領地域の接収、兵器や軍事物資の獲得で、衝突は時間の問題だった。重慶会談の期間中、東北地方ではソ連軍が日本軍の兵器を共産党軍に融通し、同年 11 月の時点では小銃だけでも 12 万挺が引き渡されている。当然、国民党政権はソ連に抗議したが、なんら解決はしなかった。その後も国共両党の事務レベルの協議が継続され、周恩来は国民党の政治犯の張学良や楊虎城の釈放を要求したが、却下される。1946 年春、東北地方の遼北省の省都四平（現在の吉林省の都市）を巡って、共産党軍と国民党軍との間で激しい戦闘が始まる。同年 6 月、本格的な内戦に突入。共産党軍はソ連との交易や日本人技術者の留用などで力を蓄えていた。重慶会談とは『孫子の兵法』の「兵は詭道（きどう）なり」（戦いは騙しあいの意）を地で行く狐と狸のばかしあいだったと言えるだろう。

●毛沢東の険しい表情に注目

桂園は国民政府軍事委員会政治部部長張治中将軍の公邸で、敷地内に 2 鉢の桂の花があったことから桂園と呼ばれる。重慶会談期間中は毛沢東に提供され、各党派や著名人との会見、「双十協定」（正式名称は政府と中共代表の会談紀要）に国共双方の代表者が署名している。ただ、毛沢東は桂園で宿泊せず、紅岩の八路軍連絡事務所で寝泊まりしていた。1977 年、同館は正式に対外開放され、1980 年には省級重点文物保護単位、2001 年には全国重点文物保護単位に認定されている。筆者初訪問時の 2019 年 8 月は閉館していたが、2024 年 7 月に再訪すると、入館できた。ただ、入口でスマホによる予約が外国人にも必須となっていたのだが……。桂園の建物も展示スペースも大きいものではないが、重慶会談期間中の写真の蒋介石の笑顔とは対照的に、毛沢東の険しい表情に注目しておこう。

●やたらと同館周辺に見どころが密集している

同館は重慶軌道交通 2、10 号線の曽家岩駅の 2 番出口から徒歩 5 〜 10 分以内。同館周辺は前述の重慶市人民大礼堂、重慶中国三峡博物館、周公館があり、見どころが多い、いや、密集状態だ。時間があれば後述の中国民主党派歴史陳列館にも寄ってみよう。

西北地方

入口では微信（WeChat）もしくは支付宝（Alipay）の予約について述べられている。英語表記はなく、外国人にはハードルが高い。

重慶は起伏の多い街ということもあり、国民党幹部の張治中の公邸であっても、敷地はそれほど広くない。館内には毛沢東の警備員の部屋もある。

桂園のダイニングルーム。重慶会談期間中、この部屋で毛沢東と周恩来は各方面の多くの人士と会見をしていた。

桂園のレセプションルームで毛沢東は蒋介石と会談し、双十協定に署名。室内の壁の「天下為公」は孫文の直筆だ。

桂園の家主の張治中の寝室は重慶会談では、毛沢東の寝室として提供されていたのだが、使用されることはなかった。

昔の桂園の写真。重慶会談期間中の毛沢東と周恩来の昼間の主要なオフィスで、以前の住所は中山四路107号となっており、現在と少し異なる。

第 5 章

重慶会談での毛沢東の表情は、基本的に緊張感が漂っている。国民党の特務機関（軍統）は1939年にハノイで汪兆銘の暗殺に失敗したが、1946年にハルビンで東北抗日聯軍の李兆麟、1949年には重慶で監禁していた楊虎城と家族、秘書を殺害。猜疑心の強い毛沢東は、暗殺を警戒していたと考えられる。

写真左から重慶に到着した周恩来、毛沢東、米国のハーレー大使。周恩来は笑顔だが、重慶会談では、毛沢東の安全には細心の注意を払っていた。

それほど広くない展示スペース。展示の最後で、重慶会談とは中国共産党の「和平、民主、団結」の建国主張の広報に成功したと述べられていた。

館内の記念品売り場の初心語録と書かれた筆立て。習近平国家主席のお言葉がびっしりと表記されているが、80元(約1,680円)は高い。

館内の記念品売り場では、文房具と一緒にウルトラマングッズも販売。完成度の高さから、おそらく公式ライセンス品と思われた。

西北地方

少数政党の存在で共産党統治の正当性アピールする胡散臭さ

中国民主党派歴史陳列館

- 読 ちゅうごくみんしゅとうはれきし
  ちんれつかん
- 簡 中国民主党派历史陈列馆
- 発 ヂョングゥオミンジュダンパイ
  チェンリィエグァン
- 重庆市渝中区上清寺嘉陵桥东村 35 号
- 重庆轨道交通 2、10 号线「曾家岩」2 番出口から徒歩 10 〜 15 分
- 無料
- 09:00 〜 17:00
- とくになし
- 2008 年
- とくになし
- 必須

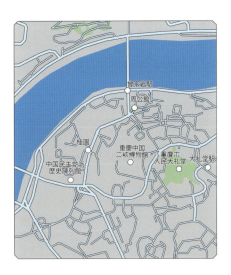

第 5 章

●国共内戦の勝利にも貢献していた中国の少数政党

中国民主党派とは、中国国民党革命委員会、中国民主同盟、中国民主建国会、中国民主促進会、中国農工民主党、中国致公党、九三学社、台湾民主自治同盟の8つの少数政党を指す。それぞれ設立された時期は異なるが、中華人民共和国が建国される前には結党されていた。抗日戦争後、国民党政権は財政経済再建に失敗し、中国共産党は政府批判勢力を総結集するべく、民主党派にさまざまな援助を行っていた。その結果、国民党政権に多党で対抗する図式ができあがり、政治的優位が国共内戦の勝利にもつながっている。建国当初の国家機構には、副主席6人のうち、孫文夫人の宋慶齢、民主同盟の張瀾、国民党革命委員会の李済深の3人は中国共産党以外の人物であった。1957年に「反右派」闘争が展開され、政権に対する潜在的な批判者が摘発されるようになり、党外勢力の多くは政権の外に追放されることになった。現在、日本や台湾では選挙を経れば、どのような政党でも政権を担うことが可能だ。しかし、中国の民主党派は中国共産党の指導を受け入れることで存在しているので、一定のポストは与えられても、国政の運営はまず不可能だろう。

●中国共産党と民主党派は肝胆相照らす関係

中国民主党派歴史陳列館の前身は民主同盟の元老の鮮英の公館の特園で、1931年に建設される。2006年に修復工事が行われ、2008年に同館は開館している。入館すると、中国共産党、民主党派、無党派人士の関係は「長期共存、相互監督、肝胆相照（肝胆相照らす）、栄辱与共（栄光と屈辱を共にする）」と解説されていた。文化大革命では多くの建国の功臣が悲惨な最期を遂げており、中国共産党員同士であっても肝胆相照らす間柄とはとても言えないだろう。「1945・毛沢東在重慶」という群像は、1945年に毛沢東や周恩来が重慶の民主派のメンバーと交流している場面を表現している。館内の展示は各民主党派の紹介と中国歴代指導者との関わりについて説明し、蒋介石率いる国民党の一党独裁を批判して、現在の中国共産党による統治の正当性をアピールしている。そのため、新四軍が国民党軍によって、多大な犠牲者を出した皖南事変（かんなんじへん）について説明されていたが、前述の張氏帥府博物館の新四軍の展示と比べて、それほど違和感はなかった。館内の金色の孫文の胸像、あまり似ているとは言えない鄧小平の蝋人形にも注目しておきたい。同館の主旨と現実の乖離は凄まじく、本書でもトップクラスの胡散臭さではないだろうか？

●密集する見どころを効率よく見学しよう

同館は重慶軌道交通2、10号線の曽家岩駅の2番出口から徒歩10～15分以内。同館へのルート上には前述の周公館、桂園があり、見どころが多い。さらに重慶市人民大礼堂、重慶中国三峡博物館も一緒に見学すると、それなりに時間がかかることは覚悟しておこう。

西北地方

同館序文。中華人民共和国の憲法では、中国共産党の指導によって、民主党派との政治協商制度が規定。日本の与野党との関係とは大きく異なる。

写真左から中国国民党革命委員会の李済深、中国民主建国会の黄炎培、中国農工民主党の鄧演達、九三学社の許徳珩といった民主党派の重要人物。

中国の社会は欧米とは異なり、議会政治、多党制、一党制など資本主義の政党制度は中国では適用できないと述べている。

「1945・毛沢東在重慶」というタイトルの群像。写真左から柳亜子、史良、劉鴻生、邵力子、張治中、沈鈞儒、陶行知、郭沫若、章乃器、張瀾、周恩来、鮮英、毛沢東、許徳珩、宋慶齢、黄炎培、王若飛、馮玉祥の18名が並ぶ。民主党派だけでなく、郭沫若のような無党派の人士の像も見られた。

第 5 章

国父孫中山（孫文）の珍しいと思われる金色の像。台座の裏側には孫文が提唱した三民主義について紹介されていた。

中国国民党革命委員会（民革）は三民主義同志連合会、中国国民党民主促進会といった人士によって、1948年1月1日に香港で成立。

孫文夫人の宋慶齢は、1948年1月に中国国民党革命委員会によって、同党の名誉主席に選出されている。蒋介石夫人の宋美齢は宋慶齢の妹だ。

中国民主同盟（民盟）を設立した張瀾の胸像。同党は1941年3月に重慶で成立され、主要党員は文化・科学技術に携わる知識分子だった。

1948年4月30日、中国共産党は「五一口号」を発布し、民主党派、人団体を集めて政治協商会議を行い、民主連合政府成立を目指した。

西北地方

毛沢東や周恩来が中国民主建国党（民建）の黄炎培、胡厥文と交流する様子の写真。館内には黄炎培の胸像も設置されていた。

1930年8月、中国国民党臨時行動委員会を設立した指導者の鄧演達（翌年死亡）の胸像。1947年2月、党名を中国農工民主党に改称。

九三学社は科学技術に携わる高級知識分子が主要党員で、1946年5月4日に重慶で成立。『民主与科学』という雑誌も出版していた。

台湾民主自治同盟（台盟）は1947年11月12日に香港で成立、本部は北京にある。写真は同党と中国共産党の指導者との記念撮影。

中国民主促進会（民進）の主要党員は教育文化出版に関わる知識分子で、1945年12月30日に上海で成立された。

中国致公党の創設者のひとりの司徒美堂の像。同党は1925年10月10日、サンフランシスコで結成されている。

中国無党派人士とは、いかなる党にも所属しないものの、参政権のある人物だ。1949年には無党派に郭沫若や巴金らも名を連ねていた。

第5章

1979年1月17日、人民大会堂で鄧小平が胡厥文、胡子昂、古耕虞、周叔弢、栄毅仁ら5人の民主党派、工商界人士と改革開放について談議。

日本軍による重慶大爆撃の写真。民主党派には中国致公党のように祖国の抗日戦争を積極的に支援する政党もあった。

火鍋の具材の羊肉などはいい感じだが、肝心の鄧小平の蝋人形の再現度については、微妙な出来栄えの似顔絵のようだ。

国民党の蒋介石による一党独裁を批判。現在の台湾の民主政治や政党については、まったく言及されていなかった。

国民党軍によって、新四軍に多大な犠牲者が出た皖南事変。新四軍も国民党軍に損害を与えていたはずだが、そちらは未表記。

中国建国時に社会主義条件下の中国多党合作が確立され、現在も発展している制度だと解説。民主党派は存在感がないように感じるのだが……。

習近平政権のスローガンの「中国の夢」の成就は、中国共産党、各民主党派、全国工商聯、無党派人士の共同目標とのこと。

西北地方

重慶で営業していた公社食堂

中国でも人民公社をテーマにした飲食店はレア物件のはず。

龍泉公社の入口から毛沢東愛が伝わる。

龍泉公社の店内にも毛沢東の写真やイラストが見られた。

龍泉公社の豆腐脳とお粥。

　1957年に毛沢東が発動した大躍進政策によって、全人民による鉄鋼と食糧の増産運動が繰り広げられた。経済力でアメリカやイギリスを追いこそうとしたものの、農家の庭に炉を作り、原始的な方法で鉄鋼を生産しようとして失敗。「公共食堂」(人民公社大食堂)というものを作り、家庭での食事を否定、自然災害と人災によって、数千万人単位の餓死者を出す空前の惨劇におわった。毛沢東は人生初の、そして唯一の「自己批判」を行い、1962年に劉少奇に政治の実権をゆずり、ようやく収束を迎える。現在の共産党聖地でも大躍進については、基本的に詳細が触れられることはなく、中国共産党も隠蔽したいのだろう。

　2010年代に中国で文化大革命をテーマにしたレストランが開業したが、筆者は重慶市で2013年に大躍進をテーマにした飲食店を発見し、実際に食事をしている。場所は拙作『中国遊園地大図鑑 西部編』で紹介した美心洋人街という遊園地でかつて営業していた。屋号は「龍泉公社」のようで、店先には「公社食堂」や「**放开肚皮吃饭、鼓足干劲生产**」(腹いっぱい食べて、しっかり生産しよう)といった当時のスローガンも大書されていた。災厄の時代をレトロだと懐かしんでいるものと捉えたが、いいのだろうか。　当時の重慶市は四川省に所属していた行政地区だったが、四川省は物産豊かな地域にも関わらず、1千万人にのぼる人民が餓死。中国では沈黙が保たれているが、各地で食人行為も発生していたのだが……。

　夏の重慶市は熱中症で倒れそうなくらいに蒸し暑くても店内には空調はなく、上半身裸の男性客

大躍進のスローガンを強調！

2019年に撮影。ここまでの変化に驚きを隠せない。

「為人民服務　毛沢東」と書かれた壁の残滓。

再開発の影響で撤去された龍泉公社。

も見られた。壁には毛沢東の写真やイラスト、スローガンが見られ、往時の雰囲気を再現していたのだろう。

　重慶名物の火鍋を筆者1人では食べきれないと考え、豆腐脳という料理を注文、お粥はセルフサービスだった。巨大な豆腐に唐辛子入りのどす黒い醤油をつけて食べてみたものの、正直、筆者の口にあまり合わなかった。大躍進の時期の公共食堂では無料で食べ放題という方針だったが、龍泉公社の豆腐脳の価格は当時10元（約210円）と有料。公共食堂では食糧の浪費も問題になっていたことから、龍泉公社での食事も有料化しておくのは正解と言えるだろう。

　龍泉公社が同園に設置された理由だが、2012年に失脚した元重慶市長の薄熙来の影響ではないだろうか？　薄熙来は毛沢東時代の革命歌を歌わせる「唱紅」を展開していたことから、懐古ムーブメントが発生し、龍泉公社の建設に至ったと筆者は推測している。2013年の時点では、重慶の現地ガイドが骨組みだけの高層ビルを指さして「あのビルは薄熙来が失脚したから、建設が停止しているのだよ」と述べていた。薄熙来失脚後も重慶市内での影響力を思い知らされたものだった。

　2019年に美心洋人街へ再訪すると、敷地のほとんどの遊具や建物が再開発で撤去、龍泉公社の屋根や壁も破壊され廃墟化していた。食器や麻雀の牌が放置され、かろうじて残っていた壁の毛沢東の写真やスローガンの「為人民服務」が時代の変化と諸行無常を訴えていた。ビフォー＆アフターの写真を比較すると、2013年以降に増改築された形跡があっただけに、残念な結果になってしまった。美心洋人街がどのように再開発されるのか気になるところだが、龍泉公社が再び営業することはないと筆者は予測している

★ 参考文献

関上武司『中国抗日博物館大図鑑』パブリブ、2021年
近堂彰一『重慶マニア』パブリブ、2019年
劉金田ほか編著、孫秀萍・申鉄龍訳『鄧小平伝　中国解放から香港返還まで』東京出版新聞局、1997年
毛毛著、藤野彰・鐙屋一訳『わが父・鄧小平「文革」歳月』上・下　中央公論新社、2002年
エズラ・F・ヴォーゲル著、益尾知佐子・杉本孝訳『現代中国の父　鄧小平』〔上〕〔下〕　日本経済新聞社、2013年
イスラエル・エプシュタイン著・久保田博子訳『宋慶齢　中国の良心・その全生涯』上・下　東京サイマル出版会、1995年
安田峰俊『さいはての中国』小学館、2018年
矢板明夫『習近平　共産中国最弱の帝王』文藝春秋、2012年
丹羽宇一郎『丹羽宇一郎　習近平の大問題　不毛な議論は終わった。』東洋経済新報社、2018年
遠藤誉『チャイナ・セブン＜紅い皇帝＞習近平』朝日新聞出版、2014年
遠藤誉『卡子（チャーズ）中国建国の残火』朝日新聞出版、2012年
平松茂雄『実践・私の中国分析　「毛沢東」と「核」で読み解く国家戦略』幸福の科学出版、2012年
阿南友亮『中国はなぜ軍拡を続けるのか』新潮社、2017年
ヴィクター・H・メア、サンピン・チェン、フランシス・ウッド著、大間知知子訳『96人の人物で知る　中国の歴史』原書房、2017年
鳥居民『「反日」で生きのびる中国』草思社、2004年
矢吹晋『中国の権力システム　ポスト江沢民のパワーゲーム』平凡社、2000年
冨谷至・森田憲司編『概説中国史〈下〉近世・近現代』昭和堂、2016年
中村元哉・森川裕貫・関智英・家永真幸『概説　中華圏の戦後史』東京大学出版会、2022年
天児慧『中華人民共和国史』岩波書店、1999年
楊継縄著、伊東正・田口佐紀子・多田麻美訳『毛沢東　大躍進秘録』文藝春秋、2012年
山本英史『中国の歴史　増補改訂版』河出書房新社、2016年
尾形勇・岸本美緒編『中国史』山川出版社、1998年
マイケル・ウッド著、須川綾子訳『中国全史　下　6000年の興亡と遺産』河出書房新社、2022年
ラナ・ミッター著、関智英／監訳、濱野大道訳『中国の「よい戦争」甦る抗日戦争の記憶と新たなナショナリズム』みすず書房、2022年
筑摩書房編集部『魯迅　中国の現代化を問い続けた文学者　ちくま評伝シリーズ〈ポルトレ〉』筑摩書房、2015年
譚璐美『戦争前夜　魯迅、蔣介石の愛した日本』新潮社、2019年
譚璐美『中国共産党を作った13人』新潮社、2010年
譚璐美『阿片の中国史』新潮社、2005年
ハン・スーイン著、川口洋・美樹子訳『長兄　周恩来の生涯』新潮社、1996年
高文謙著・上村幸治訳『周恩来秘録　党機密文書は語る　上・下』文藝春秋、2007年
石川禎浩『中国共産党、その百年』筑摩書房、2021年
高橋伸夫『中国共産党の歴史』慶應義塾大学出版会、2021年
鄭超麟著、堀祐造・緒形康・三好伸清訳『初期中国共産党群像1 トロツキスト鄭超麟回憶録』東洋文庫711　平凡社、2003年

クリスティアン・ルドー著、神田順子・田辺希久子訳『世界史を変えた独裁者たちの食卓　上』原書房、
　　2022年
内藤陽介『マオの肖像　毛沢東切手で読み解く現代中国』雄山閣出版、1999年
斉藤政喜（文）内澤旬子（イラスト）『東方見便録』小学館、1998年
安彦良和『虹色のトロツキー③』潮出版社、1993年
太平洋戦争研究会・編　平塚柾緒・著『図説　写真で見る満州全史』河出書房新社、2010年
太平洋戦争研究会・編　水島吉隆・著『図説　満州帝国の戦跡』河出書房新社、2008年
太平洋戦争研究会『完全保存版　消えた帝国満州の100人』ビジネス社、2022年
太平洋戦争研究会（平塚柾緒・森山康平）『図説　満州帝国』河出書房新社、1996年
小林英夫『満洲国を産んだ蛇　関東州と満鉄附属地』KADOKAWA、2023年
西澤泰彦『図説　「満洲」都市物語　ハルビン・大連・瀋陽・長春』河出書房新社、1996年
小林慶二・福井理文『観光コースではない「満州」　瀋陽・長春・ハルビン・大連・旅順』高文研、2005年
富永孝子『国と世紀を変えた愛　張学良と宋美齢、六六年目の告白』KADOKAWA/ 角川書店、2014年
『文藝春秋オピニオン2022年の論点100　文春ムック』文藝春秋、2022年
杉山祐之『張作霖　爆殺への軌跡一八七五 - 一九二八』白水社、2017年
渋谷由里『馬賊で見る「満洲」張作霖のあゆんだ道』講談社、2004年
大江志乃夫『張作霖爆殺』中央公論社、1989年
久保亨、土田哲夫、高田幸男、井上久士、中村元哉『現代中国の歴史　第2版
両岸三地100年の歩み』東京大学出版会、2019年
内藤博文『日本人のための中国共産党100年史』河出書房新社、2020年
羽田野主『中国共産党 支配の原理　巨大組織の未来と不安』日本経済新聞出版、2023年
鷲見一夫『三峡ダムと日本』築地書館、1997年
鷲見一夫、胡暐婷『三峡ダムと住民移転問題　一〇〇万人以上の住民を立ち退かせることができるのか？』明窓
　　出版、2003年
藤村幸義『中国の世紀 鍵にぎる三峡ダムと西部大開発』中央経済社、2001年
マシュー・ホワイト著、住友進訳『殺戮の世界史　人類が犯した100の大罪』早川書房、2013年
小林一美『中共革命根拠地ドキュメント――一九三〇年代、コミンテルン、毛沢東、赤色テロリズム、党内大粛
　　清』御茶の水書房、2013年
広中一成『後期日中戦争　太平洋戦争下の中国戦線』　KADOKAWA、2021年
地球の歩き方編集室『世界のすごい巨像　巨仏・巨神・巨人。一度は訪れたい愛すべき巨大造形を解説』学研
　　プラス、2021年

https://36kr.jp/240137/?fbclid=IwAR2po9lXdV9x_vbsbw6EFcJ_N2rEgywqHUell3btBcOs9RDroRjFAjh-
　　yl8
http://japanese.beijingreview.com.cn/zt/txt/2007-08/23/content_495797.htm
http://www.peoplechina.com.cn/maindoc/html/200507/zhuanwen34.htm
https://www.newsweekjapan.jp/stories/world/2017/07/---5_1.php
https://www.newsweekjapan.jp/stories/world/2020/10/post-94801_1.php

★ あとがき

　本書の写真は、基本的に拙作『中国抗日博物館大図鑑』の取材と並行して 2018 〜 2019 年にかけて撮影したものである。『中国遊園地大図鑑』シリーズの取材とは異なり、取材対象の多くが月曜日に休館、夕方には閉館するといった時間が限定される点はスケジュール管理に苦労させられた。それでもコロナ禍前に撮影がほぼ完了していたのはありがたかった。

　筆者は 2024 年の年末に北京の中国共産党歴史展覧館という文字通り、中国共産党の歴史について紹介する巨大な展示館を見学した。こちらでも大躍進や文化大革命については、党の失政を認める一定の記述や資料の展示は見られた。外交上、大問題になりそうな様々な事例、事故についても絶対にミスを認めない中国当局にしては謙虚な姿勢だと思うかもしれない。しかし、抗日戦争の犠牲者数は細かく紹介しているにもかかわらず、大躍進や文化大革命では具体的な死者数は述べない、毛沢東の責任については言及していなかった。第二次天安門事件については、その後の G7 の経済制裁も含めて、存在しなかったような扱いだった。歴史とは事実の積み重ねの検証だけではなく、支配者による権力の正当性を保証するもの、ヒストリーとは His Story（勝利者の物語）という側面がある。本書で各地域の中国共産党聖地について紹介してきたが、施設内で語られない事実こそが重大なメッセージではないのか。例えば、鄧小平も文化大革命で辛酸をなめさせられ、劉少奇が迫害死したことについては、当然ながら思うところもあっただろう。それでも、中国共産党を維持するためにはストレートに本音を言えないのでは？本書を取材していると、そんな気がしてならないのである。ちなみに本書の内容からしてありえない緩い写真や、脈絡もなく現地の犬の写真が掲載されているのは、筆者の趣味嗜好が反映された結果で、本当はもっと強引にねじ込むつもりだった。この辺は出版記念イベントなどで発表させてもらえたらと考えている。中国も経済不況から、外国人観光客を呼び込もうと 40 ヶ国前後にビザ免除政策を適用しているそうだが、あまり効果がない模様だ。要因を簡単に述べると当局の自業自得ということになるが、個人的には中国ではスマホがないと、詰むという状況が煩わしい。観光地にもよるのだが、中国での電話番号を使った事前予約が必要だったりするので、たったこれだけでも外国人旅行者にとっては、格段にハードルが高くなっている。中国共産党聖地巡礼を実行するとなると、中国語ができるかどうかはともかく、相当、タフなガッツができないと、心が折れることだろう。それでも、たった 1 人でもいいので、読者が中国共産党聖地巡礼に挑戦してくれることを祈ってやまない。

　本書執筆において、生活圏内の図書館で特定の書籍を執拗に借りていたことから、図書館の職員のみなさまには、感謝に堪えません。強烈な書籍のラインナップを誇る名古屋の「特殊書店 Bibliomania」店主の鈴村純さん、我非常感謝。北村卓也さんには今回もステキな地図を作成していただき、ありがとうございます。
　愛知学院大学の広中一成先生、母校愛知大学の後輩の井口世基君、大熊杜夫君、重慶の取材でご協力いただいた『重慶マニア』著者の近堂彰一さん、重慶総領事館のみなさま、今回も資料をご提供いただいた『中国抗日ドラマ読本』著者の岩田宇伯さんに感謝。出版不況をものともせず、チャレンジングな書籍を出版する「パブリブ」の濱崎誉史朗さんにもお礼を述べたい。筆者は技術職のサラリーマンという本業の傍ら、このような書籍を執筆し、ありがたいことに都築響一さんのメールマガジン『ROADSIDERS' weekly』で『中国珍奇遊園地紀行』という旅行記も連載もさせていただいている。しかし、出版業界も不況に苦しみ、相次ぐ書店の閉店や印刷代の高騰に悩まされている。こうして中国共産党聖地巡礼を振り返ってみると、まだまだ課題も多い。革命老根拠地の井崗山や瑞金、丹東の抗美援朝紀念館もまだ訪れていない。本気になって探せば、続編を 1 冊、書くことができるだろう。この書籍が増刷されれば出版社からも Go サインが出るはずなので、こうして本書を手に取っていただける読者のみなさまには感謝しかなく、是非、口コミや SNS で拡散していただけたらとお願いして筆を置きたい。

★ 関上武司の著作

中国遊園地大図鑑
北部編

四六判 224 ページ 並製
価格 2,200 円 + 税

キモかわいくない。ネズミやネコの形をした着ぐるみ。中世の城を装うハリボテ・萌えキャラだらけの遊具。

中国遊園地大図鑑
南部編

四六判 224 ページ 並製
価格 2,200 円 + 税

従業員が自給自足する半廃墟遊園地。偽ピカチュウ・空母ミンスク・天安門レプリカ。

中国遊園地大図鑑
中部編

四六判 224 ページ 並製
価格 2,200 円 + 税

ドラえもん？ミッキー？フェリックス？　ここはどこ？パリ？ロンドン？ベルリン？戦前上海？

中国遊園地大図鑑
西部編

四六判 224 ページ 並製
価格 2,200 円 + 税

テーマパークリ。ミニディズニーランド・ウルトラマン楽園。超巨大オプティマス生首・ソ連空母キエフ。

中国抗日博物館大図鑑
全土 35 施設潜入取材

A5 判 200 ページ 並製
価格 2,300+ 税

中国共産党結党 100 周年!!
紅色旅遊が空前のブーム!!
国内向け愛国プロパガンダが
日本人にここまでバレていいのか!?

★侵華日軍第七三一部隊罪証陳列館　関東軍の七三一部隊による細菌戦の資料を展示
★偽満皇宮博物院　3 回皇帝に即位し 5 回結婚ラストエンペラーの満洲国の仮御所
★九・一八歴史博物館　満洲事変の発端となった柳条湖事件の現場近くに建設
★中国人民抗日戦争紀念館　全ての始まりの盧溝橋に建てられた抗日戦争学習の集大成

中国革命聖地巡礼 Vol.2

中国共産党聖地巡礼
全土 29 施設潜入取材

2025 年 3 月 1 日初版第 1 刷発行

関上武司

愛知県在住の技術職のサラリーマン。1977生まれ。オーストラリアにて軟体大道芸で生活費を稼いでいた経歴あり。日本や中国のB級スポットや珍スポットを紹介するブログ・『軟体レポート』の管理人。『中国遊園地大図鑑』シリーズ、『中国抗日博物館大図鑑』(パブリブ)の著者。都築響一氏のメールマガジンROADSIDERS' weeklyで『ROADSIDE CHINA 中国珍奇遊園地紀行』連載中。2019年に江蘇省蘇州市で開催された「一席」というイベントで中国遊園地について、中国語で講演を行っている。中国の全省、全自治区、全直轄市、特別行政区を踏破。

ブログ　http://blog.livedoor.jp/nantaireport/
X（旧 Twitter）　@SoftlyX
メール　tsekigami1977@yahoo.co.jp

著者	関上武司
装幀＆デザイン	合同会社パブリブ
地図制作	北村卓也
発行人	濱崎誉史朗
発行所	**合同会社パブリブ**
	東京都中央区東日本橋 2 丁目 28 番 4 号
	日本橋 CET ビル 2 階
	Tel 03-6383-1810
	https://publibjp.com/
印刷 ＆ 製本	シナノ印刷株式会社